U0458157

咕
噜
GuRu

MISHIMA ou La vision du vide

三岛由纪夫，或空的幻景

Marguerite Yourcenar
[法] 玛格丽特·尤瑟纳尔 著
姜丹丹 索丛鑫——译

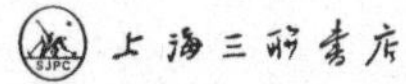

中文版导言

《三岛由纪夫，或空的幻景》是法国著名作家玛格丽特·尤瑟纳尔（Marguerite Yourcenar，1903—1987）的代表作之一，此书发表于日本现代作家三岛由纪夫（1925—1970）剖腹自戕十一年后，即 1981 年。这部篇幅不长的评论作品，以才华横溢而又极富争议的三岛由纪夫为对象，从三岛的生活背景及与此密切相关的自传体小说《假面的告白》写起，大致按照其创作年代的顺序，依次分析和探讨《禁色》《金阁寺》《潮骚》《萨德侯爵夫人》《忧国》等三岛主要的小说、戏剧和电影作品，尤其在四卷本的小说《丰饶之海》上挥洒了浓墨重彩；同时讨论了导致三岛不懈锻造体魄的深层的原因，谈到了他的政治思想和行动，以及他对“切腹”的执迷，勾画出三岛由纪夫从少年得志走向最终归途的过程。正如作者在分析中所点明的，这本书并不是一篇叙述作家生平轶事的传记，而是以作品为基石和导向，探寻作家的精神历程的一种尝试。

在整篇评论中，尤瑟纳尔不仅参考了三岛由纪夫的大量作品，而且旁征博引，在纵向轴上将三岛的创作置于日本的文学传统与发展状况的脉络之中，在横向轴上又将他与西方的诸多作家加以比较，通过精妙的分析，一步步地将作品中显现的三岛的精神生活和思想轨迹展现在读者面前。由此出发，作者驳斥了关于三岛自杀的种种肤浅的解释，例如《镜子之家》的失败、两度与诺贝尔文学奖擦身而过的失望、创作能力的衰退、《宴后》引起的诉讼案等等，最终引领读者面向三岛选择的暴烈的自杀事件。即使这一结局的冲击力仍然没有降低，作者也未必会赞同三岛极端的行为，但读者却能通过本书在一定程度上更深入地理解三岛，或也可了解在一个东西方文化贯通的西方女哲人与作家眼中的三岛的形象。

本书作者玛格丽特·尤瑟纳尔是法国杰出的思想家、文学家、评论家和翻译家。她原名玛格丽特·德·克央古尔（Marguerite de Crayencour），“尤瑟纳尔”这个名字的发音颇具东方韵味，其实是作家与父亲一起用姓氏的字母重新组合形成的笔名。尤瑟纳尔从未接受过正规学校教育，但酷爱文学的父亲曾为她开辟了一条与众不同的道路。她从小接触大部头的文学经典作品，阅读的书类也不拘一格，并学习希腊语、英语等，还曾跟随父亲在欧洲各地游历，从而从小就获得了同时代人很难具有的眼界和文学的敏感性。她早早地就确立了从事文学创作的志向，在二十几岁时的作品和计划中，就已为未来的重要作品勾勒了雏形。尤瑟纳尔最著名的两部作品当属 1951 年出版的《哈德良回忆录》（获得了当年的法兰西学院大奖和费米纳文学奖）和 1968 年问世的《苦炼》（再次摘得当年费米纳文学奖的桂冠），这两部小说为她赢得了众多的读者和闻名世界的声誉。1980年，尤瑟纳尔成为法兰西学院建立三百五十年来第一位女院士。在就职仪式上，曾大力推举尤瑟纳尔进入法兰西学院的让·多尔姆松（Jean D'Ormesson）在致辞中非常中肯地评价这一事件的意义："……您当然不是第一位入选的人，但您是第一位入选的女性，是学院词条中的apax[1]，这是生动而和平的革命，单您一个人，也许就构成漫长而光荣的历史中最重要的大事之一。"[2]

小说作品为尤瑟纳尔赢得了媒体和读者的关注，但她也是一位出色的评论家。她的文学艺术评论文章主要收集在《遗存篇》《时间，这伟大的雕刻家》《朝圣与域外》《牢狱环游》等几部文集中。尤瑟纳尔的评论涉及的对象相当广泛：从《罗马皇帝传》到阿格里帕·多比涅的《惨景集》，从瑞典女作家塞尔玛·拉格洛夫到希腊诗人康斯坦丁·卡瓦菲，从托马斯·

1　此处即唯一一次。——本注为原文译者原注

2　桂裕芳、吴康如译：《法兰西院士就职演说》，上海社会科学院出版社，2006年，第85页。

曼到奥斯卡·王尔德、安德烈·纪德等作家，以及米开朗琪罗、丢勒、莫扎特等艺术家，每一篇评论中都闪耀着作家思想的光彩。《三岛由纪夫，或空的幻景》可以说是这些评论作品中的重磅之作，在伽利玛出版社"七星文库"系列《尤瑟纳尔文集》的第二卷《散文与回忆录》中，这是唯一一部以单独一个作家为研究对象的评论作品。日本著名比较文学家千叶宣一称"该书是法语国家中最早分析论证三岛文学创作之秘的代表作"，并将其盛赞为"献给三岛的一部美妙的镇魂曲"。[1]

对于欧美读者而言，尤瑟纳尔的名字早已不再陌生，但她真正走入中国读者的视野还是近些年的事。早在尤瑟纳尔加入"不朽者"行列三年后，1986 年漓江出版社曾出版《东方奇观》（即《东方故事集》）和《熔炼》（即《苦炼》），同年长江文艺出版社的《致命的一击》也与读者见面。次年，人民文学出版

1　千叶宣一：《三岛文学的国际评价》，《三岛由纪夫研究》，叶渭渠、［日］千叶宣一、［美］唐纳德·金主编，开明出版社，1996 年，第 349—350 页。

社出版《东方故事集》的新译本，1988年花城出版社又为读者带来尤瑟纳尔最重要的小说作品之一的中译本《一个罗马皇帝的临终遗言》（即《哈德良回忆录》）。1987年由柳鸣九主编、漓江出版社出版的《尤瑟纳尔研究》则是国内研究尤瑟纳尔的最早文集。但这一切似乎并未引起中国读者的兴趣和注意，在欧美等国对尤瑟纳尔的作品备加推崇的年代，相对而言，她的作品在中国却经历了十几年的沉默期，直到2002年，东方出版社推出七卷本的《尤瑟纳尔文集》，内容囊括尤瑟纳尔重要的小说、自传和散文作品。上海三联书店也随即在2007年到2012年间，相继重新推出了《东方故事集》《哈德良回忆录》和《苦炼》。其间，花城出版社于2004年出版其传记作品《玛格丽特·尤瑟纳尔：创作人生》，其作者若斯亚娜·萨维诺（Josyane Savigneau）生前即与尤瑟纳尔交好，掌握关于作家生平和作品的诸多第一手资料。这部传记资料丰富详实，在1990年出版后获得普遍好评，是研究尤瑟纳尔的必备资料，而中译本的出版，也为中国读者了解尤瑟纳尔本人及其作品打开了一扇窗户。

事实上，早在对日本作家三岛由纪夫进行探究之前，日本与东方，就已在尤瑟纳尔的阅读和创作中占有一席之地。尤瑟纳尔从少年时代已经开始对东方的探寻。在作家本人列出的一份十五到十八岁期间阅读的书单中，英译本的佛经、中国和日本的诗歌选集以及佛陀的生平传记等赫然在列。从尤瑟纳尔零散的读书笔记中[1]，我们可以看到作家一生都关注着以中国、日本和印度为代表的东方文化及其哲学思想，并阅读了大量东方哲学、宗教和文学书籍。尤瑟纳尔最后的定居地——美国荒山岛“怡然小筑”(Petite Plaisance)——书架上，陈列着一百五十多本有关日本的书籍，还不包括禅宗方面的作品。东方思想在作者思想的发展中，烙下了深深的印记，日本即是其中重要的一环：“印度，加上日本，是我的一生——或者更确切地说对人生而言——最重要的体验

1 *Source II*，Paris，Gallimard，1999.

之一。什么说法不走调？日本如此隐秘，几乎与一切关于它的传闻大相径庭。它是一种孤立的人类体验，千百年来在世界的一个角落里被推向极致，它在超越事实的精神领域方面从自身获取一切，这种情形一直持续到 1570 年（还是 1670 年？），并且今天人们还远远没有认识到这一点。唯一巨大的丰富来自中国的艺术和思想，这种影响是逐渐的、和平的，并且往往得益于勇敢地融入中国社会的日本人。”[1]

在这一段话中，尤瑟纳尔不仅仅揭示了日本文化的独特性与隐秘的特征，而且准确地领会到中国的艺术和思想对日本的巨大的影响。

在二十几岁时，在先通过英语译本接触的日本文学作品中，尤瑟纳尔尤其对紫式部的《源氏物语》钟爱有加。尤瑟纳尔“带着一种不同寻常的尊崇与敬重”，将紫式部这位“日本中世纪的马塞尔・普鲁斯特”捧上了她最欣赏的女性小说家的宝座，并认为在欧洲文学中绝对没有任何作品可与这部近百万字

1　若斯亚娜・萨维诺著，段映虹译：《玛格丽特・尤瑟纳尔：创作人生》，花城出版社，2004 年，第 566 页。

的煌煌巨著相提并论，甚至“在任何文学中都无出其右者”。[1] 在这部极其丰富的作品的启发下，尤瑟纳尔创作了一篇小故事，以自己的方式对原著进行解读和续写，这也是作家在写作中涉足日本文学的初次尝试。“《源氏公子的最后爱情》是为了展现紫式部的小说里留白的一回中可能描述的内容而进行的尝试，这一回只有一个非常简单的题目《云隐》。这便是源氏之死。我们知道他已经隐居于一间寺庙，之后，除了这个题目，我们便一无所知了。所以我尝试着想象一下发生了什么。”[2] 这篇作品最初发表于 1937 年 8 月的《巴黎杂志》（*La Revue de Paris*），后收入《东方故事集》。

此后，日本一直以一种隐秘的方式蛰伏在尤瑟纳尔的阅读和思想中，直到她晚年时，才在三岛自杀这个噩耗的激发下重新浮上水面。一封尤瑟纳尔致友人

---

1 Marguerite Yourcenar，*Les yeux ouverts*，*entretiens avec Matthieu Galey*，Paris，Centurion/Bayard Edition，p. 116 - 117.

2 同上。

的信件显示，作家在1974年左右开始阅读三岛最重要的作品《丰饶之海》（应该是英文版，法文版1980年才面世），并且为作品给予了好评。[1] 而要写一篇关于三岛的评论的计划，在1977年才初见端倪。[2] 另外，“七星文库”年表显示，1978年，尤瑟纳尔“越来越认真地投入到日语的研习中”。[3] 1980年，作家发表了一篇针对著名日本学家莫里斯·伊万的作品《失败的高贵》的评论，这也是为了理解三岛自戕行为的筹备性工作之一。在历经近十年的阅读和酝酿之后，尤瑟纳尔在1980年的6月至9月间，终于把长期的阅读和思考结晶付诸笔端，其成果也在1981年

---

1 1974年8月12日尤瑟纳尔写给勒内·埃蒂安博尔（René Etiemble）的信中说道：“我最近读了三岛四部曲的前两部小说，尽管存在着某种拙劣，或者正因为这种拙劣，我觉得小说非常有趣。” Marguerite Yourcenar, édition établie, présentée et annotée par Michèle Sarde et Joseph Brami avec la collaboration d'Elyane Dezon-Jones, Paris, Gallimard, 1995, (folio: 2983), p. 568 - 569.

2 见1977年3月23日尤瑟纳尔致让娜·加雷庸（Jeanne Carayon）的信件。*Lettres à ses amis et quelques autres*, *op. cit.*, p. 707.

3 Marguerite Yourcenar, *Œuvres romanesques*, Paris, Gallimard, p. xxxi.

付梓出版。在《三岛由纪夫，或空的幻景》一书问世后，作家在次年亲自踏上了日本国土，这次旅行对作家来说具有重要的意义。西方的许多东方学家或翻译家，例如阿瑟·韦利，他们为欧洲人呈现了日本和中国的伟大作品，却不愿亲自到亚洲一睹东方真颜，宁愿保留着头脑中从东方的文学作品中汲取养分所织就的图景。但是，尤瑟纳尔不赞同这种做法："我们觉得无论如何，旅行，就像阅读和与我们类似的人相遇一样，是不能拒绝的充实生活的方式。"[1] 这次旅行让尤瑟纳尔贴近了现代真实的日本，她由此撰写了一些半游记、半评论性质的文章，收于作者去世后由出版社根据她的创作笔记编纂的文集《牢狱环游》中。这本文集并未完成，但它却是作家与日本这个东方国度的紧密关系的有力证明，也显示了尤瑟纳尔对日本文明多方面的关注和探究。从这部文集的多篇文章中，我们可以看到尤瑟纳尔对日本古代诗歌、戏剧、园林艺术等的深深喜爱和思考。

---

1 Marguerite Yourcenar, *Essais et Mémoires*, Paris, Gallimard, p. 701.

从阅读紫式部开始，日本一直像灼热炽烈却无声静默的地下岩浆一样，缓慢地流淌在尤瑟纳尔的血液中，而三岛由纪夫的出现，为作家心中这把向往日本的火炬可谓开凿出了一个喷发点。在灿若星河的东方作家中，三岛由纪夫的名字，引起万里之外的尤瑟纳尔的特别关注，一个重要的契机，也许正是前者采取的暴烈的死亡方式。三岛浸润着仪式感的自杀和残酷的死亡场景，让与日本万里之隔的欧洲知识界也不由震惊，这其中当然也包括尤瑟纳尔本人。日本学家、翻译家唐纳德·金（Donald Keene）是三岛的朋友，在谈及三岛之死在欧洲产生的反响时，他说道："1970 年 11 月 25 日，三岛由纪夫的自杀事件，转瞬间爆炸性地为全世界所报道，无数原本对日本文学了无兴趣的人们，也把他们的目光转向三岛由纪夫这个人物。于是，三岛由纪夫的作品被竞相译为西欧诸国的文字，而先前已经译介的作品，则被大量加印后套上廉价的封皮，堆放在世界各个书店的柜台上。"[1]

1 唐纳德·金：《三岛由纪夫的世界》，《三岛由纪夫研究》，第 1 页。

在得到三岛的死讯之前，尤瑟纳尔也许并非对三岛一无所知。早在1956年，《潮骚》就被译成英文，由美国纽约克诺夫出版社出版，这是三岛由纪夫的作品第一次被翻译成外文在国外出版。法国对三岛的关注则要稍晚一些，伽利玛出版社直到1961年才发行《金阁寺》的法语版。另外，三岛曾在1965年和1968年两度获得诺贝尔文学奖提名，尤其是第二次提名时，三岛获奖的呼声很高，但最终他没能摘取桂冠。

因此，三岛在去世前就进入尤瑟纳尔的视线，不是什么不可想象的事，但是，至少在三岛去世时，尤瑟纳尔对三岛本人和他的作品可能并没有深入的了解。在1970年三岛由纪夫去世前，其作品的英语和法语译本并不多，仅有《宴后》《午后曳航》《潮骚》《近代能乐集》等。他最重要的作品《丰饶之海》，在他切腹自杀的那天早上，才刚刚完成，这也是在他去世前外国不可能对三岛有全面的介绍和认识的原因之一。在1971年的一次访谈中，尤瑟纳尔甚至一时没有想起三岛的名字，但她毫不掩饰自己对三岛自杀这一事件的震惊，并凭借自己对日本文化的了解，对于自杀这一行为之于日本人的特殊意义，提出自己的看法："今天，自杀这个问题在很大程度上取决于人们生活在哪个社会中。例如对于一个日本人来说，这是勇气和意志的某种胜利的最高证明。我在脑海中搜寻就在最近自杀的一个日本人的名字。我相当震惊，因为他在死前四五年曾经接受过一次访谈，在其中他满腔热情地谈起《哈德良回忆录》，这本书中经常涉及表现为一种自由的形式的自杀问题。但事实上，在一个日本人看来，这是一个纯粹英雄主义的决定。"[1]

这一段话见证了尤瑟纳尔的作品《哈德良回忆录》对三岛的影响，见证了两位作家之间的某种程度的互文性。让尤瑟纳尔感到震动的，显然是三岛对于自杀问题的英雄主义的态度。

尤瑟纳尔主要的日语译者之一岩崎力（Tsutomu IWASAKI）在三岛自杀六个月后，曾在巴黎访问过

---

1 Marguerite Yourcenar, *Portrait d'une voix, vingt-trois entretiens*, Paris, Gallimard, 2002, p. 109 - 110.

尤瑟纳尔。就后者对三岛自杀事件的态度，岩崎力从一个第三者的角度谈道："对于她来说，三岛的自杀也许同样迷雾重重。她似乎很难理解三岛对《哈德良回忆录》的赞赏和他被法国及美国媒体故意夸大的'右派思想'，简言之，也就是他富于戏剧性的死亡，是如何调和在一起的。她的困惑在她脸上显而易见……我之所以谈了这么久我的个人记忆，是因为尤瑟纳尔对三岛的兴趣首先就在于他的死亡，即使在挖掘了所有的'为什么'之后，这也仍然是主要问题。"[1] 正如这段话中表现出的那样，三岛由纪夫的自杀无疑刺激到了尤瑟纳尔的某根神经，从而引起了尤瑟纳尔对三岛的浓厚兴趣。尤瑟纳尔本人也承认她对于三岛的特殊关注点正基于此："对自杀这个主题的兴趣，是我与三岛最重要的接触点。"[2] 长达十年的阅读、酝酿和创作，其源头都指向三岛的死之事

1 Tsutomu IWASAKI, *Yourcenar et Mishima*, paru dans *La Lettre* n° 6, Paris, Maison de la culture du Japon *à* Paris, 2000. p. 1.

2 *Portrait d'une voix, vingt-trois entretiens*, *op. cit.*, p. 383 - 384.

件。三岛在作品中反复描写死亡和“切腹”，最终采取这种日本传统的悲壮方式结束了生命；而死亡，尤其是自杀这种特殊的死亡方式，也正是尤瑟纳尔的作品中反复探讨的主题之一。《三岛由纪夫，或空的幻景》中的一句话，恰好可以概括尤瑟纳尔在写作中对于这个主题进行的思考：**“如何熟悉死亡以及死得其所的方法。”**值得注意的是，这是在本书中唯一一个全部由大写字母构成的句子，这句话一方面体现了尤瑟纳尔对三岛作品中的死亡这一主题的解读，另一方面，我们也可感受到作者本人对这一问题的重视程度。

从尤瑟纳尔从事文学创作的初始，“死亡”就是一个绕不开的主题，就像尤瑟纳尔对三岛作品中的这一主题作出的评价一样，这几乎成了萦绕她脑海的一种“执念”（obsession）。尤瑟纳尔的写作生涯，可以说就是以死亡揭幕的。16 岁时发表的处女作——长诗《幻想之园》（1921 年），歌颂了在阳光的烈焰中烧焦了用蜡做成的翅膀的伊卡洛斯，他在某种程度上代表了人类不懈地飞向光和美的执著的努力。长诗以菲力浦·德波特的诗句作为卷首题铭："天空是他的欲望，大海是他的墓穴，/难道还有更美的意图或更华美的坟墓？"[1] 后来，当尤瑟纳尔谈起年少时的作品时，评价相当苛刻，她认为，除了这两句题铭诗以外，全书没有任何可取之处。但她同时承认："这首笨拙的小诗对我来说具有第一块里程碑的价值，因为它触及了某些我后来继续探讨的重大主题。"[2] "死亡"的命题，由此进入尤瑟纳尔的写作，之后便成为作家一生反复追寻探索的重要主题之一。

在尤瑟纳尔的小说作品中，向往死亡，尤其是受到自杀诱惑的人物不胜枚举。年轻的音乐家阿列克西因自己异于常人的性取向，无法轻易吐露内心隐情的痛苦而渴望解脱，死亡和爱情，作为一生中两种交替出现的困扰，渗透进了他的生命乐章。在战争的混乱中受到凌辱的索菲，进行过"一次拙劣的自杀尝

---

1 译文摘自《玛格丽特·尤瑟纳尔：创作人生》，第60页。
2 同上。

试”[1]，却只在左胸口留下了长长的丑陋疤痕；为了探寻埃里克的真心，索菲让自己的房间在轰炸的夜晚成为一片漆黑中的一点光源，这种行为无异于自寻死路。《哈德良回忆录》中的印度智者认为“整个世界只不过是由幻象和谬误织就的一匹布”，而死亡是“摆脱事物的这股多变的潮涌的唯一方式”。[2] 哈德良曾亲眼目睹他为了与不可触知、无体无形的神结合而毅然投身火海。古罗马皇帝应允了斯多葛派哲学家的自杀请求，因为他“从未反对过自愿的解脱”，[3] 而当挚爱之人安提诺乌斯为了他奉献出自己的生命后，哈德良在痛失爱人的煎熬和晚年病痛的折磨中，也曾想到自我了断，并就死亡和自杀这一问题进行诸多的思考。最后唯一阻止他付诸行动的因素，就是皇帝作为执政者对帝国的责任心。将世界看成一座牢狱的泽农，为了能安静地死去，则选择了在囚室里割腕自杀。尤瑟纳尔最珍视的小说人物纳塔纳埃尔，这个

---

1 *Œuvres romanesques*, *op. cit.*, p. 117.

2 同上，p. 397.

3 同上，p. 411.

简单纯朴的“默默无闻的人”，也最终在死亡中与自然和世界融为一体。

由此可见，三岛由纪夫的切腹自戕，对于尤瑟纳尔来说，是一个既熟悉又陌生的问题：一方面，在遭遇这一事件之前，尤瑟纳尔对死亡、自杀已经作过多方面的描写、探究和思考；另一方面，日本的文化背景和思维模式与欧洲思想本就大相径庭，即使其时尤瑟纳尔对日本文化有所涉猎，可能也并不深入。再者，三岛由纪夫在大多数日本人看来，也是个怪胎，围绕着这位怪异鬼才一直以来争论从未停止，因此，三岛自杀所具有的独特色彩，对尤瑟纳尔来说是新鲜的，岩崎力所谈到的尤瑟纳尔的困惑，也就不难理解。

撇开三岛不谈，日本人对待死亡和自杀的问题，有着自己独特的态度。首先，特殊的自然环境和佛教思想的传入，造就了日本人安于“无常”的特质，这就让日本人在面对死亡时，具有一种坦然的心境。日本国土面积狭小，生存空间极为有限，地震、海啸等灾害不断，“乃是一个天变地异不绝发生之国家”。[1] 灾厄频发，不仅锻炼出某种坚韧不屈的精神，也让人们的思想浸润在深深的无常感之中。生而无常，死却永恒，“一般人最亲密的地点并不是出生地，而是埋葬地。除了死人长眠之处和古庙的位置外，永久的东西是很少的”。[2] 公元六世纪中叶，佛教自中国经朝鲜传入日本，而佛教宣扬的宿命论和“无常”的教义，也深入到日本人的生活和思想中。这种影响在比如《源氏物语》中随处可见。安于无常，即可泰然面对生死，因此，十七世纪的“俳圣”松尾芭蕉，才能在云游之中“抛却红尘，彻悟人生无常”，有了“纵死道途，亦属天命”[3] 的觉悟。其次，日本人对于自杀有着一种崇尚的态度。美国人种学家本尼迪克特在《菊与刀》一书中，分析得出日本文化是一种不同于欧美“罪感文化”的“耻感文化”的结论。日本人认

---

1 小泉八云著，胡山源译：《东方之魅》，吉林出版集团有限责任公司，2011 年，第 196 页。

2 小泉八云著，杨维新译：《和风之心》，吉林出版集团有限责任公司，2011 年，第 17—18 页。

3 松尾芭蕉著，陈岩译：《奥州小路》，译林出版社，2011 年。

为，用适当的方式自杀，可以洗刷污名，并获得身后的好评。小泉八云也认为，日本“民族一切异常的勇气并不在轻掷生命，而在死后之荣誉”。[1] 具体论及武士阶层，这种思想更是大行其道。“武士道，乃求取死若归途之道”，这是武士道典籍《叶隐》最著名的句子。《叶隐》要求武士“常住身死”，看透死亡，在生死两难之际，要当机立断选择面死。在这种背景下，“切腹”这种日本特有的自杀方式在武士阶层受到推崇，成为武士独有的权利和勇气、尊严、荣誉的最高证明。

对于切腹自戕在日本人心中的意义，尤瑟纳尔自有其解读。英国著名和学家伊万·莫里斯的《失败的高贵》一书，展现了日本历史上九位失败者的结局，最后一章则献给了二战中日本的敢死队“神风连”。莫里斯的作品曾经为尤瑟纳尔打开了日本古代宫廷生活的大门，也带她走进了日本人隐秘的精神世界。在与此书同名的评论文章中，尤瑟纳尔表达了对这些人

1 《东方之魅》，第 195 页。

物毅然赴死的精神的赞美之情。尤瑟纳尔认为，莫里斯谈到的日本的战败者或自戕者，与西方采取同样方式了结生命的人之间泾渭分明，其差别正在于一个“日本所独有的特点：在赴死的时刻对自然的诗意凝思”。[1] 不管是四世纪时的悲情王子大和武，还是传奇英雄源义经，以及平安时代被尊为“学问之神”的菅原道真，十九世纪倡导明治维新、后发动西南战争的西乡隆盛，二战时日本投降次日便剖腹的指挥官大西泷治郎和其所领导的神风连，这些不同时代的人物，都以悲壮的方式走向了死亡。他们走向归途的理由各不相同，尤瑟纳尔所关注的，是这些人在面对死亡之时的精神状态，是他们在那一刻与自然融为一体的诗人般的情怀，而这种“与天地万物的认同感也许能够部分地解释这些采取激烈行动的人们在赴死时的那种惊人的从容”。[2]

尤瑟纳尔赞许的是面向死亡时的安宁、从容的态度，并尤其认为这种态度体现出对于宇宙意识的认

1 *Essais et Mémoires*, *op. cit.*, p. 322.

2 *Essais et Mémoires*, *op. cit.*, p. 323.

同感。

尤瑟纳尔经历过两次世界大战，对于暴力深恶痛绝，她从不赞同盲目轻易赴死。但在评述日本历史上著名的武士集体切腹的“四十七浪人”事件时，作家认为，此处的暴力却是高尚的：“围绕着一场礼仪之争发生的这一连串的谋杀和自杀是荒谬的：漫步在这些坟冢间的一个佛教僧人如是评论道。然而他可能同样明白，一切都是荒谬的，以及，可作为日本荣誉问题的例证的这场冒险，显露了在人类种群中到处存在的暴力。暴力让我们恐惧，但是在这一事件中，暴力因为服务于世界上最纯洁的美德之一而变得高尚了：这就是忠诚。面对时光变幻，面对比他们的冒险更加恶劣的灾祸，浪人们的声名依旧留存。手持香烛、米饭和柑橘的游客们仍能感觉他们近在咫尺。”[1]

尤瑟纳尔认为，这种求死之心和视死如归的精神来自日本古代的武士思想，而把《叶隐》奉为圭臬的三岛由纪夫，他选择的自戕，是这种精神延续的表

---

1 *Essais et Mémoires*, *op. cit.*, p. 638.

现："正是这一预料之内并精心安排的死亡的选择让神风连迷醉，尽管，也许恰恰因为知道这是完全无用的……'向前冲，即使失败，也要勇往直前！'：古代的武士精神在这里最后一次迸发……这把火在灰烬下继续燃烧，三岛带有告诫和反抗意味的自杀证明了这一点，他的自杀同样是预先计划好的，并且精心算计到最微小的细枝末节……"[1] 在本书中，尤瑟纳尔依然秉持这种观点，在她的眼中，切腹自戕，正是三岛心底积蓄已久的"传统的日本微粒浮上表面"，[2] 并以最激烈的方式爆发的结果。对于神风连的自杀式空袭所体现出的精神，三岛也曾予以肯定，并与尤瑟纳尔一样，认为这是对《叶隐》的死之精神的继承："《叶隐》中的死，乃是晴天白云般的，令人啧然称奇的澄澈明朗之死。现代能够看见的形态，便是战争中被称为极端惨烈的攻击方法，那种神风特攻队的死之精神，恰好令人惊讶地成为《叶隐》思想的

1　同上，p. 329.

2　同上，p. 197.

注脚。”[1]

可见，《叶隐》精神对于三岛的影响已深，而且印证了他对于惨烈的自杀行为的一种吊诡的见解：通向澄澈明朗之境的死亡。

在此，需要辨明的一点是，尤瑟纳尔尊重每个人为自己的生命作出的选择，正如哈德良所说，自杀是人的一种自由，“一个人有权决定他的生命从什么时候开始不再有用”。[2] 她赞赏三岛的自戕勇气，但并不是赞赏这种行为本身，她也曾慨叹，无论是在自杀式袭击中像樱花般绚烂赴死的神风队员，还是塞班岛前赴后继相伴投海的原住民们，面对着如此多生命戛然而止的年轻人，我们不能不思忖，如果这些人继续活下去，是否会开创更美好的未来，比如是否会避免日本在战争的狂热后陷入迅速随之而来的以牺牲环境为代价的对工业发展的贪婪追求。“暴力英雄并不总

1 三岛由纪夫著，隰桑译：《叶隐入门》，江苏文艺出版社，2010年，第107页。

2 *Œuvres romanesques*, *op. cit.*, p. 501.

是带来和平的英雄。”[1] 尤瑟纳尔所欣赏的，是这种毅然赴死的行为背后直面死亡的勇气和精神，不管三岛执意赴死是出于实现自己的暴烈美学的目的，抑或源自对皇室的忠诚，尤瑟纳尔在这其中赞赏的，可能更多的是三岛为了心中的目标而不惧死亡的勇气，像哈德良建议马克·奥勒留在面对死亡时要“睁开双眼”看待的态度。

在对待生与死的问题上，尤瑟纳尔与三岛由纪夫的看法有不谋而合之处。尤瑟纳尔认为，生与死不是对立的两种状态，而是互相包含、不断转化的。她对待死亡的态度延续了古希腊思想中的生死观，对她而言，死亡也是人生体验之一，睁开双眼直面这一过程，就是直面事物的发展和宇宙的力量；而对死亡进行思考，能让人类加深对自己的认识。通过这种方式，“人类才能够在宇宙中、在时间中摆正自己的位置，意识到自己的生命只不过是昙花一现，因此应该好好充实生命，并认识到究竟是应该追求享乐还是承

1 *Essais et Mémoires*, *op. cit.*, p. 329.

担责任”。[1] 同样，在《叶隐》这部要求武士旦旦夕夕都思虑死亡的著作中，三岛由纪夫发现了“生的哲学”。三岛认为，《叶隐》是把生和死作为同一个事物的两个方面来对待，它并不是劝人求死，而是寻找生的意义的哲学：“我们每一天在心内承载着死，我们也就是每一天在心内承载着生。《叶隐》以为，这两者其实是一事两面，是相同的东西。我们以今日乃是自我人生之最后的意念去工作之时，我们的工作便不可能不会在瞬间绽放出真的生命之欣然与光辉。”[2] 那么既然虑死是为了向生，三岛为何最后仍然选择了死亡？在三岛对《叶隐》评论中，我们也许可以找到这一问题的答案：“《叶隐》其实是尝试着将——死，作为调和所谓太平盛世的一剂良药。这样的烈药，在过去的战国时代，是如日常茶饭般被随意乱用的。只是进入太平盛世，人们似乎对于死这样的烈药，惧之、畏之，避之犹恐不及。但是山本常朝的

1 *Portrait d'une voix*, *vingt-trois entretiens*, *op. cit.*, p. 97.
2 《叶隐入门》，第 32 页。

着目处，恰是在——死——这剂烈药里，发见了疗治人之精神疾患的功效。”[1] 在所谓的太平盛世中，只是思虑死已经不足以为人们敲响警钟，让人们意识到社会的弊端时，作家三岛毅然决然地服下了自杀这剂猛药。这种求死的选择是否有意义呢？求死是个人的权利和自由，别人无权干涉；再者，求死之人也许只是过早地看清了别人一世也没有参透的世界的真相——就像本多眼中那一方湛蓝的天空，却又无法承受这一真相，因此只有赴死一途，不明个中就里的他者同样无权评价。那么选择这一解决办法是否有意义，尤瑟纳尔认为，答案不在于死亡这一事件本身，而在于死亡对他人的影响，在于“他们的牺牲能够或不能改变周遭人的心灵”。[2] 因此，三岛的死究竟是一场闹剧还是一剂猛药，完全取决于留下来的人们如何看待，取决于世人心态的演变。如果说书写的欲望对于三岛由纪夫是传达“武士所特有的具体行动”的

1 《叶隐入门》，第 23—24 页。

2 *Essais et Mémoires*, *op. cit.*, p. 378.

欲望[1]，那么，选择自杀的欲望以及用近于冷静的方式对于这个事件的组织，也符合他所探求的带有武士道精神印记的“行动美学”，并将这种美学的诱惑推向极端化。

中国当代作家莫言曾在《三岛由纪夫猜想》一文中写道：“三岛一生，写了那么多作品，干了那么多事情，最后又以那样极端的方式结束了自己的一生，好像非常复杂，但其实很简单。三岛是为了文学生，为了文学死。他是个彻头彻尾的文人。他的政治活动骨子里是文学的和为了文学的。研究三岛必须从文学出发，用文学的观点和文学的方法，任何非文学的方法都会曲解三岛。”[2] 莫言从纯粹的文学的视角看待和领会三岛的生命历程与死亡的选择，这也正符合尤瑟纳尔在对作家作品进行评论时始终秉持的观点。尤瑟纳尔反对将作者和小说人物等同。在二十世纪五十

---

1 Giuseppe Fino，Mishima，écrivain guerrier，Traduit de l'italien par Philippe Baillet，Editions de la Maisnie，1983，p. 85.

2 莫言：《会唱歌的墙》，作家出版社，2012 年，第 104—105 页。

年代，当尤瑟纳尔因《哈德良回忆录》的成功而声名鹊起时，曾有人评论“哈德良就是尤瑟纳尔”，作家对此说法表示了强烈的反对。在这本书中，作家也表示，要从作品出发，从作品之中寻找主要的真实。但通观全书，我们发现，作家从三岛的作品出发，最终却走出了作品的世界，走向现实生活中三岛的死亡，对此，作家也在书中点明：“对我们来说，重要的是看看才华横溢的三岛，被捧红的三岛，或者又回到老问题上，因挑衅和成功而被厌恶的三岛，经过了怎样的历程，渐渐地转变成了下定决心赴死之人。”在这个明显矛盾的问题上，尤瑟纳尔要了一个小手腕，她把三岛的切腹自戕看作一部作品，而且是三岛最精心筹划的作品。然而，三岛的死亡是真实的，不可能完全将他的死与文学作品同等看待，这一点也造成了评论界的意见分歧。有人认为，这部作品体现出一个西方伟大作家对一个东方伟大作家的鞭辟入里的评论；也有人认为，尤瑟纳尔的介绍和分析，虽然延续了她的写作的一贯的优点，但也呈现出致命的缺点。这就是她被三岛令人震惊的死亡方式迷了眼，多多少少背离了自己的文学原则。尤瑟纳尔在提及创作这本书的初衷时表示，之所以评论三岛，是因为读过三岛的书后，又看到了以三岛为主题的许多荒谬之谈，于是决定自己写一本书，宗旨之一在于“展现一个更加真实的三岛”。[1] 至于尤瑟纳尔展现的三岛是否更加真实，评论界的孰是孰非，相信读者们在阅读本书后，每个人都会有自己心中的答案。但不可否认的一点是，这本书的出现，对于欧美评论界对三岛的认识和评介，具有里程碑式的重要意义。

在三岛由纪夫切腹之前，法国评论界对他并未关注，似乎只有《新法兰西评论》（*Nouvelle Revue française*）1967 年 12 月号上收录了一篇勒内·米察（René Micha）题为“三岛由纪夫的隐喻”的文章。即使在三岛由纪夫去世后的十年间，也就是整个二十世纪七十年代，法国评论界甚至是整个外国评论界似乎还没有从三岛的切腹事件中回过神来，对于三岛几乎一直保持缄默。客观地讲，对于不懂日语的欧美评

---

1 *Les yeux ouverts*, *entretiens avec Matthieu Galey*, *op. cit.*, p. 397 – 398.

论家们来说，当时可供研究的资料数量也屈指可数。英国著名记者、曾先后担任《金融时报》《泰晤士报》和《纽约时报》东京分社社长的亨利·司各特-斯托克斯是与三岛私交甚笃的外国记者之一，也是唯一一位受到三岛邀请到富士山观摩盾会训练的记者，他于 1974 年发表的《三岛由纪夫的生与死》是有关三岛的最早的西文传记作品。作者不仅从一个近距离观察者的角度描绘了在生活中的三岛的形象，也对三岛的诸多作品作了简要的介绍分析，其中不乏一些宝贵的第一手资料。约翰·内森（John Nathan）所著《三岛由纪夫》（1975）以编年体的形式记叙了三岛的生平，尤其是在三岛的早年生活、早期创作的素材方面，可与前一本传记形成互补。这两本传记可谓七十年代有关三岛由纪夫的最主要的作品。《新法兰西评论》曾在 1971 年 3 月和 1973 年 4 月号上刊载过研究三岛的两篇文章，还有以三岛为对象撰写的博士论文，但法国评论界始终没有推出针对三岛的有分量的作品。

总而言之，尤瑟纳尔的这本小书，可谓是法国乃至欧美评论界对三岛由纪夫静默的十年的终结。在这一点上，《三岛由纪夫，或空的幻景》无疑具有开创性的意义，运用别具一格的视角，引人走入三岛由纪夫的富有张力的作品世界，领会其充满传奇的人生轨迹。

索丛鑫　姜丹丹

合写于 2013 年秋
修订于 2021 年秋

精力充沛是永恒的快乐。

威廉·布莱克

《天堂与地狱的婚姻》

盐若失了味，怎能叫它再咸呢?

《马太福音》

第五章，第十三节

每朝悟死，死便无惧。

《叶隐》

十八世纪的日本典籍

评价一个同时代的大作家总是困难重重：我们缺乏时间的距离。如果他属于和我们的文化不同的另一种文化，当异国趣味的诱惑或对他乡情调的怀疑共同对这种文化发生作用时，要对之作出评断，就更是难上加难。若是像三岛由纪夫这样的情况，他自身文化的成分与他贪婪吸取的西方文化的成分，即对我们来说平淡无奇的东西与古怪离奇的因素，在每部作品中都以不同的比例混合在一起，同时产生多样的效果与乐趣，那么这种误解的可能性就更大了。然而，正是由于在他的多部作品中有这种杂糅，让他成为日本真正的代表，那个本身就经历了剧烈的西方化进程的日本，但无论如何仍然带有某些恒久不变的特点的日本。在三岛身上传统的日本微粒浮上表面，并在他的死亡中爆发，反过来让他成为可以说逆潮流与之接轨的英雄日本的见证者——从词源意义上来说——也是殉道者。

但是——不管涉及哪个国家与哪种文明——当作家的生活与他的作品同样多变、丰富、激烈，或者有时经过同样精巧的筹划时，当人们在两者中不仅辨别出同样的缺点、诡诈和瑕疵，也发现同样的品质，归根结蒂同样伟大时，困难就仍然在增加。不可避免地，我们要在对人的兴趣和对著作的兴趣之间建立起一种不稳定的平衡。人们欣赏《哈姆莱特》而不过问莎士比亚的时代已经过去了：对于生平轶事的粗俗好奇心是我们时代的特征之一，报刊杂志和大众媒体面向一群越来越不懂得阅读的公众，前者的做法更是放大了这种特征。我们所有人都倾向于不仅考虑到作家——从其定义来说，他在作品中进行自我表达；也要考虑到个体——他总是难以避免地分散、矛盾、多变，在此处隐匿不见，却在彼处显而易见；最终，也许特别要考虑到**人物**，有时个体本身（三岛即是如此），出于防卫或虚张声势的目的，也会致力于投射出这一暗影或映像，但真实的人总是不及或超过人物，并在一切生灵难以参透的秘密中出生、入死。

这就是产生阐释错误的多种可能性。让我们继续分析，但要时刻提醒自己，要在作品中寻找主要的真实：作者选择书写的，或不得不写的东西，才是最终重要之物。并且，毫无疑问，三岛如此深思熟虑的死亡正是他的作品之一。尽管如此，一部像《忧国》这样的电影，一段像《奔马》中勋的自杀描写这样的叙述，为我们理解作家的结局投射了点点的微光，并对其作出部分的解释，但作者的死充其量是证实而不能解释前两者。

诚然，这些看起来具有揭示意义的童年和青年时代轶事，在《假面的告白》这样一篇简短的生平叙述中是值得研究的，但这些让人受到内心创伤的片段在这部作品的大部分内容中时时出现，且以不同形式散布于其他稍晚的小说作品中，这俨然已经成为一种执念，或者说一种相反的执念的起点，并最终扎根在支配我们所有感情和所有行为的强大的神经丛林中。看着这些幻景在一个人的思想中，像月亮在天空中的盈缺变化一样增多、减少，是很有趣的。确确实实，某些同时期的多少带点逸闻趣事性质的描述，某些即时作出的评判，正像这种出乎意料的快照一样，有时会有利于补充、证实或者反驳三岛自己在这些事件发生时或在这些冲击时刻作出的自画像。然而，我们能够听到它们深处的搏动，一如我们每个人都能从内部听到自己的声音和血液的微响，这都只能归功于作家。

最奇怪的事情，也许是童年或青少年时代的三岛经历的许多情感危机，都生发自 1925 年生于东京的这个日本人接触过的一本书或一部西方电影中提取的一幅图像。小男孩痴迷于小人书中的一幅美丽插图，保姆向他解释，画中并不像他认为的那样是一名骑士，而是一个名叫贞德的女人，男孩因此而感觉整件事就像一个骗局，这冒犯了他孩子气的男子气概：对我们来说有趣的是，贞德引起了他的这种反应，而众多装扮成男人的歌舞伎的女主角中，却没有任何一个有此效果。日本艺术，即使是在色情浮世绘中，也没有像我们的艺术一样经历过裸体画像的辉煌时期。因此，当他在面对纪多·雷尼的画作《圣塞巴斯蒂安殉教图》的照片时第一次射精这个著名的场景中，意大利巴洛克绘画里的躯体引起的冲动变得更加易于理解。那具肌肉发达却精疲力竭的躯体，在临终时刻，则处于几近淫荡的放纵状态而显得虚脱，没有任何濒死的武士形象能与之相媲美：因为古代日本的英雄们喜欢穿戴绸缎和铁编成的铠甲，并穿戴着铠甲死去。

相反，其他具有冲击性的回忆却是纯粹日本式的。三岛对一个英俊的“清厕夫”——充满诗意的婉转说法，意指掏粪工——倾心不已，这是一个在夕阳的余晖中走下坡道的强壮年轻人的形象。“这是第一个折磨我、惊扰我一生的影像。”《假面的告白》的作者把难以向孩子解释清楚的委婉措辞，与不知名的某一片既危险又神圣的大地的概念联系在一起，这或

意大利画家纪多·雷尼（Guido Reni, 1575—1642）画作《圣塞巴斯蒂安殉教图》

许并没有错。[1] 但无论哪个欧洲孩子都可能以同样的方式迷恋上一个健壮的园丁，后者纯粹体力的活动和身体轮廓若隐若现的服装，与一个过于端正和做作的家庭里的孩子截然不同。在节日游行的那些日子，年轻的脚夫们肩负供奉着神道神灵的神舆，神灵在这些健壮的肩膀上从街道的一边摇晃到另一边，游行队伍弄塌了花园的栅栏，这一场面具有同样的意义，但却撼动人心，一如它所描写的蜂拥而入的人群；那个幽居于有序或混乱的家庭中的孩子，第一次，惊慌失措又微醺陶醉地，感受到外界的大风拂过他的身体；那时吹拂他的，就是将对他具有重要意义的一切，即青春和人的力量，以及一直以来让人感觉像一出戏剧或一种惯例一般，但却猛然间焕发生机的传统。神灵们将以"荒魂"的形式在稍晚的《奔马》中再现，勋即是其化身，更晚些又出现在《天人五衰》[2] 中，直到

---

1 需注意在美式英语中，dirt（"肮脏"）一词也是表达种植土、腐殖土的常用词，总之是园丁使用的土壤的意思。*Put a little more dirt in this flower pot*：在花盆中再放一点土。——以下如无特殊说明，本书正文中的注释皆为原著注。

2 英语书名是 The Decay of the Angel。法语字典对"decay"（转下页）

佛教大空的观点泯灭一切之时。

在初初试手的《爱的饥渴》[1] 这部小说中，主人公是一个由于得不到肉体欲望的满足而半疯的年轻女性，在一次狂欢式的乡野节日游行中，恋爱中的女人面对年轻园丁的赤裸躯体，从这种接触中已然感觉到一刻强烈的幸福。但尤其是在《奔马》中，这种记忆再次出现，明晰清澄，几近幽灵般，就像这些秋季的番红花，春天时枝繁叶茂，晚秋时又出人意料地抽出纤弱而完美的新芽，这些新芽以几个年轻人的形态显现，他们与勋一起牵引和推动着装载神社附近采摘的神圣百合花的板车，而窥视者—预言者本多，像三岛

（接上页）一词的解释是："déclin"（衰落）、"décadence"（堕落），对于一个也表示"pourrissement"（腐朽、堕落）的词汇来说，这种解释过于单薄，对同一词汇《牛津英语词典》给出的同义词是"rot"。一位文学修养极高的盎格鲁-撒克逊朋友建议我把书名译为 L'ange pourrit（动词的现在时：天使在堕落），这一对应词不拘一格，却正好与这本书的意旨吻合。另外，将由伽利玛出版社出版的译本题目将是：L'Ange en décomposition（《在解体中的天使》），这个题目也很好。

1 法国伽利玛出版社 1982 年以"Une soif d'amour（爱的饥渴）"为书名出版。

本人一样，透过二十多年的时光看着他们。

其间，当作家在一次祭祀的游行中，决定让自己也戴上神舆脚夫的头巾时，他曾经亲身体会过一次这种肉体力量、疲倦、汗水、混迹人群中的快乐交杂在一起的疯狂。照片显示他当时还很年轻，并且不同寻常地笑逐颜开，棉质的和服胸口敞开，与其他负载重担的伙伴毫无二致。只有在几年前，即有组织的旅游活动还没有压倒宗教热情的时代，一个年轻的塞维利亚人在安达卢西亚的白色街道上，面对着比肩而立的马卡雷纳圣母和茨冈圣母，才有可能稍稍感受到同样的迷醉。再一次，同样的狂欢意象复现，但这次一个证人把它记录下来，这就是在最初几次远行的一次中，三岛面对里约狂欢节的大杂烩人群犹豫了两夜，在第三晚时才下定决心投入这片被舞蹈糅合、盘结在一起的人潮。然而，最初的拒绝或恐惧的时刻才是尤其重要的，这也将是本多和清显逃避剑道练习者发出的粗野嘶吼的时刻，但勋和三岛本人不久后却全力发出这种高声的呼喊。在所有的境况中，自省或忧虑总是先于无节制的沉陷或苛责的守纪，后两者本就是同一回事。

传统做法是在展开这种类型的速写前，要先交代作家所处的社会环境；我之所以没有遵循传统，是因为如果我们没有看到人物至少是以剪影的形式在三岛身上显示出轮廓，这一背景就无关紧要。由于整个家族从几代前开始就已经脱离籍籍无名的状态，三岛的家族尤其让人印象深刻的一点，是在这一看上去相对容易从外部界定的社会环境中，极其多样的社会等级、群体和文化交织在一起。事实上，像同时期的许多欧洲大资本主义家族一样，三岛的父系家族几乎直到十九世纪初才摆脱农民地位，接触到大学教育——这在当时仍然很少见，且非常受人重视——并获得或高或低的政府官职。三岛的祖父是一座岛屿的父母官，但在一次选举腐败案后就退休了。父亲，作为政府部门的职员，带着一副忧郁规矩的官僚形象，以其谨小慎微的生活方式补偿着父辈的过失。在他身上，我们仅仅看到过一个让人惊讶的举动：三岛对我们说，在一次沿着铁路边的田野散步时，他曾三次举起臂膀中的孩子，使其置于与呼啸而过的快速列车仅一米之遥的地方，任凭速度的旋风抽打着小家伙，而后者，已经具有淡泊坚忍的品质，或者更恰当地说是被吓坏了，没有发出一声叫喊。奇怪的是，这个不招人喜欢的父亲，本来更希望他的儿子步入公务员的行列而非走上文学道路，却让孩子经受耐力的磨练，而三岛后来也强制自己进行这种训练。[1]

母亲的形象则更加鲜明。她出身于代表日本传统逻辑和道德观念精髓的儒学教师家庭，起初，因为有贵族血统的祖母委屈地下嫁给岛屿长官，她几乎被剥夺了对尚且年幼的儿子的一切权利。后来，她才有机会收回孩子的监护权；之后，她对痴迷于文学的少年的文学作品关心有加；为了她，为了让这个我们误以为罹患癌症的母亲，在辞世时不必抱有未看见血脉延续的遗憾，三岛在三十三岁的年纪上，决定根据传统请一位媒人，尽管在日本这个年龄才考虑婚姻实属为时已晚。在自杀的前夜，在依附于引人注目的西式

1　大家会注意我没有作任何精神病学或精神分析的阐释，首先是因为有人常常会作这种分析；另外，也因为这种阐释在一个非专业者的笔下不可避免地会带有一种“杂货店心理学”的感觉。无论如何，在这里我们采取了其他的角度。

儿童时代的三岛由纪夫与母亲

别墅的纯日式简朴小屋中，他以他了解的方式向父母进行最后的道别。在这个场合中，我们知道的唯一一条重要的评论来自母亲，这是典型的母亲式的关心："他看上去很累……"简单的字词提醒我们，这起自杀事件，并不像那些从未想过自己会步入这种结局的人们所认为的那样，是闪闪发光和近乎轻率的美丽行为，而是一程让人精疲力竭的攀登，目的地是这个男人所认为的他自己的——从这个词汇的所有意义上来说——终点。

祖母，她呢，可是一个人物。她出生在一个优越的武士家庭，是一个日本大名（相当于诸侯王）的外曾孙女，甚至还与德川幕府沾亲带故，整个旧时的、已被部分遗忘的日本，在她身上苟延残喘，表现为一个病态的、有点歇斯底里的女人，她忍受着风湿病和头部神经痛的折磨，在已不太年轻的时候，因为没有更好的选择，嫁给一个底层的公务员。[1] 这位让人不

1　三岛的父亲在作家去世后发表的一篇令人不快的自创文章中提到，其母的病痛，部分应该归咎于过于享乐的岛屿长官传染给她的花柳病。三岛本人的一个暗示也表达了同样的看法。

安但心生同情的祖母，看样子曾经在她的套房中过着奢华、病态又梦幻的生活，她也在那里幽禁着孩子，并完全远离了让下一代人心满意足的资产阶级生活。多少有点被监禁起来的孩子睡在祖母的卧室中，见证着她神经质的喊叫，并很早就学会包扎她的伤口，引导她去卫生间，穿戴她心血来潮时给他穿过几次的女孩衣装，也多亏有她，孩子才能去观看传统的能剧演出，以及他后来将要模仿的夸张血腥的歌舞伎表演。这个疯狂的仙女也许在他身上种下了近年来人们认为天才所必需的精神错乱的种子；不管怎样，她让他一出生就获得了一个在老人身边长大的孩子才能拥有的在两代人之间游走的特权，往往还不止如此。也许他对于事物的“奇特”的最初印象，这一关键的习得，要归因于与一缕病态的灵魂和一副病态的肉体的过早接触。但尤其应该归因于她的，是嫉妒地、疯狂地被爱，并对这伟大的爱作出回应的经历。“在八岁时，我有一个六十岁的爱人”，他在某处说道。这样的开端就是赢得了时间。

就像我们今日一些以心理学为导向的传记学家所

儿童时代的三岛由纪夫和祖母

强调的那样，日后将成为三岛的孩子在这种奇特的氛围中多少受到一些心灵的创伤，没有人否认这一点。也许，即使我们没有就此进行分析，祖父的荒唐行为造成的经济困窘，父亲不可否认的平庸，以及由孩子自己引起的“乏味的家庭争吵”——这是许多孩子的日常生活，这些让他受到更大的创痛和伤害。疯狂，缓慢的腐朽，一个患病老妇的错乱的爱，这反而是一个诗人在这种诗意的生活中寻找的东西，是最初的一幅可与短促而暴烈的死亡场景相媲美的画面。

其他的父系祖先属于——像他想要相信的那样——武士这个他直到最后都拥护其英雄主义道德伦理的军事团体，这是不真实的。在这一点上，我们似乎可以把这种做法看成这些自封贵族的行为中的一个例子，像巴尔扎克，甚至在某种程度上像维尼，或甚至像雨果这样的大作家，在提到不确定的莱茵祖先时，有时也会做出这种行为。其实，三岛所出身的公务员和教师阶层看起来或多或少地承载过去武士们忠诚和朴素的理想，虽然有时在实践中他们并未实现这一目标，祖父即是一个明证。但显然，正是因为祖母的风格和传统，三岛在《春雪》中通过绫仓伯爵和夫人再现了已经在垂死挣扎的贵族阶级。在法国同样如此，十九世纪的作家面对上层社会的各种怪诞离奇，其想象力在与一个年老女性的接触中觉醒，这种情况很常见，尤其是年轻男人与已经上了年纪的情妇之间的关系更为典型：根据德·贝尔尼夫人和朱诺夫人展现的如一把仅仅半开的折扇般的图景，巴尔扎克再现了上流社会的风貌。普鲁斯特的马塞尔首先藉由对至少比他年长二十岁的盖尔芒特夫人浪漫的爱恋，表达了他对于贵族社会的渴望。在这里，在孙子—祖母间近乎肉体性质的联系，让孩子与过去的日本保持着联系。通过这种在文学中并不罕见的倒错，在《春雪》中，相较于松枝家的轴心，祖母也是一个离心式的人物，但她代表了处于上升中的贵族阶层内部的质朴乡野的根源；她的两个儿子在日俄战争中战死沙场，这个强壮的老妇却拒绝了政府因此分发给她的抚恤金，“因为他们只是尽了义务而已”，她体现了一种农民式的忠诚，而松枝家已经任其泯灭。敏感的清显是她的心头肉，就像柔弱的三岛曾经是祖母最喜爱的人一样；在这两个老妇身上都散发着另一个时代的气息。

《假面的告白》是针对一个特例展开的一篇近似临床医学般的叙述，它同时呈现出从 1945 年到 1950 年间，不仅是在日本而且具有一定普遍性的青年形象，在一定程度上对今日的年轻人仍然具有意义。尽管主题不同，地域有别，这本充满焦虑和无力感的短小的杰作，却不能不让人联想到差不多同时代的加缪的《局外人》；在此，我指的是两本书包含着同样的孤独症的元素。一个少年见证了史无前例的灾难，却对此并不理解——假设需要去理解，他离开大学投入到战争工厂中，在火灾蔓延的街道上游荡，总之，如果他曾经生活在伦敦、鹿特丹或德累斯顿，而不是在东京，他也会做出同样的行为。“如果一切继续下去，人们会发疯的。”只有在经过二十年的记忆的滗析后，一个屋宇焚烧殆尽、水管扭曲变形的东京，其全景才以最广阔的形式展现在本多的眼前，此时的他绑着他总是打不好的滑稽可笑的国民服的裹腿；过去曾经是松枝家的奢华园林之处，此时已经被分割成小块，其位置已经难以辨认；长椅上坐着差不多九十多岁的、像戈雅噩梦中的一个老妇一样的老艺妓，这位清显情人曾经的“茱丽叶的奶妈”，面涂厚粉，头发脱落，戴着假发，且肠空肚瘪，她来这里，也是想从近处再看看已经不再存在之物。

以上的简述甚至将本书的中心，即人物童年和青春期时期，也就是上文曾经探讨过的关于三岛本人的一些事件置于一旁，而这本小书是那些极不寻常的作品之一，我们在书中发现，这是在小说构思还未形成之前就即时记录下的鲜活自传。就像所有二十四岁的男人鼓足勇气写下的真诚自传中也许很自然的情况一样，色情无处不在。未满足的并且仍然处在半无意识状态下的欲望，关于它带来的苦恼的叙述，也可能发生在二十世纪上半叶或者显然更早时候的任何一地。几近偏执狂的“正常化”的欲望，对社会羞耻心的执念——人种学家鲁思·本尼迪克特曾经恰当地论证过这一点，她甚至把它与我们的文明中对人类的自由没有任何真正益处的对罪恶的执念相提并论——几乎在这本书的每一页中都有所表现，就好像在古代日本这些问题不曾存在一样，而古代日本在阐释某些主题上更加宽松，或者遵循其他准则。当然，人物也有一种典型的症状，就是自认为其所感，在世界上只有自己才能体会到。叙述直到最后都依循着经典模式，这个依旧孱弱的青春男孩，勉强进入贵族学校就读，但与同学相比，他既没有同样高的社会地位，也没有那么富有，他从远处默默地倾心于最受奉承、最强健的学生：这是永恒的科波菲尔—斯蒂福斯式的情境，在涉及爱情的幻影时则显现出更多的勇气，既然这里无论如何只是涉及幻影而已。心爱的人成为人肉宴会上的美味佳肴的白日梦，绝对没有带来什么舒心的图景，但只要读读萨德、洛特雷阿蒙，或者更学究一点，参照一下那些生吞扎格列欧斯的肉、分享他的血的古希腊宗教虔信者的行为，就足以证明食人者的野蛮仪式的记忆几乎仍然在人类的无意识中到处漂流，但只有某些足够大胆的诗人才会再度打捞这种记忆。另一方面，日本民间传说中充斥着如此多的吞噬死人的饥饿的幽灵——**饿鬼**，乃至于这一阴森恐怖的幻想让人不禁联想到他们，还有十八世纪时上田秋成创作的令人赞叹的《雨月物语》中的一篇故事——《青头巾》，故事中患恋尸癖且食人肉的僧侣得到一个禅宗同僚的治愈和拯救。在这里，对于年轻的梦幻者来说，也许不存在任何治愈和救赎，除非青春期的幻象随着渐渐成年，可以习惯性地被缓慢吸收掉。

《假面的告白》的主人公与嫁作他人妇的童年朋友之间暧昧却没有结果的关系，他们在街上或咖啡馆里总是偶然的或者可以说是偷偷摸摸的相会，这些同样可能发生在巴黎或纽约，就像发生在东京一样。在生活中同样难以自处的这个年轻的日本女人，说起让人给她洗礼的事，就像今日一个年轻的美国女人谈论禅修一样。我们还发现，年轻男子，对身边优雅但却相当乏味的女伴稍感厌倦，便向聚集在吧台处的英俊的乞丐们投去鬼祟的一瞥。全书在这个暗示处终结。

在《假面的告白》之前，三岛只获得寥寥无几的赞誉。他的第一本书、十六岁时的作品《鲜花盛开的森林》，从诗意的古老日本中汲取灵感；在他越来越体现出“绝对的现代性”的创作中，同一主题、同样形式的短篇小说不时出现，直至最终。有人说，三岛由纪夫对古典日本的认识，胜过他同时代的大多数人，当然这其中要排除掉博学者。而他对欧洲文学的熟悉程度也毫不逊色。他大量读了欧洲文学的经典作品，似乎对法国十七世纪剧作家拉辛偏爱有加。[1] 从希腊归来后，他开始学习希腊语，并且掌握了相当丰富的希腊语知识，足以在《潮骚》这部短小的代表作中，注入均衡和安详这些人们公认的所谓希腊式的优点。尤其，他也经常阅读欧洲现代文学，像斯温伯恩、王尔德、维里耶或邓南遮等近当代作家，甚至托马斯·曼、科克多[2]，以及拉迪盖，而拉迪盖的早

---

1 在去世前不久，三岛最后一次出现在舞台上，是在他监制的一版《布列塔尼居斯》译剧中，扮演一个哑角（卫兵之一）。亨利·斯科特-斯托克斯在其撰写的三岛由纪夫传记中（纽约，1974年）写道：据一张照片显示，其他三个卫兵一副乔装打扮的样子，多少还显得有些心不在焉，这在扮演士兵的哑角身上是很常见的。只有三岛具有与其角色相适应的严肃的面貌和态度。

2 在谈到三岛时，某些批评家最常提到的两个名字是邓南遮和科克多，并且很少不带有某种贬低的意图。在这两种情况间，存在着某种程度的联系。邓南遮、科克多、三岛，都是伟大的诗人。他们也了解如何策划宣传自己。邓南遮强烈的巴洛克风格可与三岛的风格相媲美，尤其是在后者受到平安时代的（转下页）

熟，也可能是其了结青春盛年之死，曾让他目眩神迷。他在《假面的告白》中提到普鲁斯特，引用安德烈·沙蒙，并且在赫希菲尔德医生的几部已经有点过时的作品中，他后来也寻找到一份他自己的感官冲动的目录清单。似乎很久以来，也许直到最后，他都始终与欧洲文学家保持着密切的联系，这种联系与其说是通过本质——它经常会巩固并证实三岛自己的本质，不如说是通过他们从形式上带给他的新鲜的、奇特的事物而实现的。1949 到 1961 年间，或者甚至比我们将看到的更早，三岛最伟大的几部作品，以及其他稍显逊色的作品，在其表达手法中，欧洲化（但不是美国式的）的成分，要多于其中的日本元素。

（接上页）高雅启发的几本早期的作品中；邓南遮对体育运动的兴趣，至少从表面上看来，与三岛通过竞技训练锻造体魄的热情相似；邓南遮不同于唐璜式的风流放荡的色情，在三岛身上也有所体现；另外，尤其是对于政治冒险的爱好，把一个人带到了阜姆，把另一个人则引向了公开的抗争和死亡。但三岛避开了长年的监禁和躲藏在名誉下的“隐居”，而这些却让邓南遮的结局成为了一出可笑的悲喜剧。科克多因其不同寻常的广泛兴趣，也许与三岛更加相像，但是英雄主义（除了诗人的这种从不应该遗忘的秘密的英雄主义）并不是他的特点之一。另外（差异是巨大的），科克多的艺术在于巫术，而三岛则依靠预言。

从《假面的告白》的辉煌成功开始，一个日本现代作家诞生了；从此之后，他确确实实地成为三岛由纪夫[1]。他放弃了父亲希望他接受的小职员的职位；而父亲则被作家的版税收入说服，也不再为作品的大胆而叹息。于是，他走进了作家的角色，才华横溢、无与伦比，可以说过于有天赋且极为多产，但这并不是出于洋洋自喜或自由放任，而是因为他要为自己和家人赚取大量的生活物资。为了做到这一点，他就不得不抽出一半的时间，为大销量的杂志和妇女刊物撰写养家糊口的文章。这种商业行为和文学才华的结合并不罕见。巴尔扎克不仅曾经经历过一段为了生计而写小说的时期——那些小说早已被世人遗忘。而且，就连在《人间喜剧》这部煌煌巨著中，也根本无法分辨哪些内容是出于扩大销售的需要而创作，哪些又是出自创作者强烈的热情。狄更斯身上存在着同样的双

---

1 其原本的姓名是平冈公威。从第一部作品《鲜花盛开的森林》开始，少年作家就为自己选定了这个笔名。“三岛”是富士山脚下一个小城的名字；而“由纪夫”这个名字的发音，则让人联想到雪。

重性：有小奈尔，小董贝，天使般的弗洛伦斯，伊迪丝和她计划的通奸（计划，但并未实施，因为不该刺激读者），斯克鲁奇的悔恨和小梯姆天真的欢乐，这些都既来自为正派的资产阶级小说阅读者提供一份合胃口的食粮的愿望，也产生于释放近乎幻象的力量的欲求。

采用专栏连载的形式发表小说的习惯，在十九世纪的欧洲很常见。但在三岛生活的日本时期，其形势还很严峻，在这种情况下，报刊经理的需求，会先于编辑和公众本身的需求，通常会大力推进文学作品的商业化。即使是像哈代和康拉德那样几乎与他们所处时代的次文化没有任何亲缘性的天生孤独者，也得同意按照公众的口味修改某些作品。比如像《吉姆老爷》这样的伟大小说，显然从头到尾都是在逼迫下匆促写成的，整部作品既是为了诠释一个最深刻的自谋生计的男人的形象，也是为了及时缴付一个资产阶级家庭的账单。看起来这个当时仍然籍籍无名的年轻作家并没有选择权，即便成功翩然而至，习惯却已无可救药地养成。在涉及那些非常著名的作家时，我们至多可以说，这种几乎总是与艺术作品背道而驰的获取金钱的需求，强迫梦想者转向习惯的惰性，并推动他们把作品变成这堆与生活近似的巨大混合物。

三岛的情况略有不同。有人说，严格的训练疏导了这股谋利的涌潮。正因为青春期初期时体弱和曾患有严重的结核病，不管他的生活中充斥着何种事务和娱乐，这个日本作家每天都要抽出两个小时进行体育锻炼来锻造体魄；酒吧和晚间文学聚会上的大量酒精无法迷醉这个男人，他最晚也会在午夜钟声敲响之前，把自己关在书房中，花上两个小时的时间进行日常创作，他的全集总卷数因此才达到三十六卷这个数目，但其实其中的六或七卷就足以为他赢得荣誉。随后，每个晚间剩余的时间和清晨的几个小时都贡献给“他的书”。喜爱阅读但却不善于思考的大众，期望作家反馈一幅他们所塑造的世界的图景，这恰恰与作家自己天赋的要求背道而驰，为这些读者创作的作品，其平庸、虚假、造作，不会时常侵袭到那些真正的杰作，这也是我们将要解决的关于《丰饶之海》的一个问题。但我们从未有过类似的体验：预先计划好为大众消费而创作的那些小作品，没有一部被翻译成外语，我们不能——也许这样做不管怎样都是枯燥乏味的——从在别处得到更好阐释的这堆杂乱的主题中，找出一个耀眼或明晰的图像，一个或许像偶然一样出现在这里，但其实是为了在“真正的作品”中存在而创作的炽热的真实片段。要另寻他路似乎也是困难重重。

在最初的《假面的告白》和《丰饶之海》这部三岛的“大计划”的最初作品之间，散布着几本小说，它们类型各异，但在整体上的品质或趣味是不容置疑的。我们并不是要对这几部作品逐一进行深入的研究。对于他的戏剧作品我们也只是稍作探讨。《镜子之家》，三岛的唯一一本惨遭失败的文学小说，在世事沧桑的力量之下，将被略过不谈，因为这本书尚未被翻译成任何一种欧洲语言。这些作品在表面上似乎不相协调，却足以为作者在其所处的时代赢得较高的地位，勾勒出几条道路：即一个伟大的作家在仅仅直面他的几个主题，并以必要的广度来表达这些主题之前，所走过的道路。另外，如果仔细观察，这些主题在他早期的作品中已经初露端倪。

由于把小说的背景与当时某则稍加更改的社会新闻联系在一起的意图，青年时代的三岛在这些叙述中的某几篇属于一个罕见的类别，即抓住事情发生那一瞬的现时：直到最后，我们在三岛的作品中都一直可以观察到把正在过去的现时立刻固定住的这种需要。其他的一些作品有时变成报道，或者更糟糕，沦为了过于匆促完成的小说草稿。几乎在所有作品中，欧洲的表现手法都占据主要地位，不管涉及的是《爱的饥渴》或《金阁寺》的抒情现实主义，或是《午后曳航》的尖锐辛辣的笔法。我们甚至可以说，直到大概四十岁的年纪，这个没有受到战争波及的男人——至少他本人这样认为[1]——在他身上完成了整个日本的沧桑演变，这就是通过把精力转移向另一种形式的帝国主义，即过分的西方化和不惜任何代价的经济发展，从而完成了从战场上的英雄主义快速过渡到对美军占领的消极接受的过程。穿着无尾常礼服或燕尾服、在东京的国际文化会馆这座美国化的日本的殿堂里，切下第一块结婚蛋糕的三岛，或者还有身着无可挑剔的商人式的西服套装做报告、坚信知识分子和银行家是同一类人的三岛，这些照片在那个时代是非常

1　他甚至说过，1943 年被伤寒夺去性命的十六岁的妹妹，她的死比战争更让他震惊。

典型的。但青少年时期和成年后的执念、激情和厌恶，在表面之下，在变成迷宫的洞穴一样的作品中继续在深掘。三岛—圣塞巴斯蒂安的照片不远了；男人嘴中咀嚼着一朵硕大的蔷薇，而蔷薇似乎反过来要吞噬掉他的脸，这张照片也已经不远了。而且，我为这篇评论的最后一页保留了一张更加让人感觉心灵受创的照片。

《禁色》是一本表面看来非常草率的小说，乃至于有人单单从它的主题上，就怀疑这是原本为了“商业生产”而创作的作品。像往常一样，计算充斥在三岛的作品中，但其目的却是为了得到看起来有误的结果。我们处于战后日本的“快乐”的氛围中，然而占领者的存在，仅仅通过零星几个寻欢的傀儡就表现了出来；几乎带有渎圣意味的圣诞节浸泡在一个美国巨富的大量的威士忌中，这可能出现在新泽西，就像可能发生在横滨一样。这家作为阴谋酝酿和解决之地的酒吧，与其他的酒吧没什么不同。悠一，年轻的对象人物，穿过难以想象的混乱，身后是追逐他的男女傀儡。渐渐地，我们发现这部报道式的小说其实是一部叙事小说。一个富有而显赫的作家，被妻子的不忠行为所激怒，把悠一当成对男人和女人进行报复的工具。[1] 故事幸福美满的结尾正与其水准相当：悠一继承了一笔财产，然后兴高采烈地去让人给他的皮鞋擦油。

像我们将在《丰饶之海》，尤其是第三卷中看到的那样，我们的困扰产生于一种不确定性：作者是他笔下人物的软弱的同谋者，抑或他只是在他们身上投射了自己好画家一样超脱的目光？答案并不是可以轻易得出的。小说家并没有给他所描写的环境覆盖上一层类似热内式的暧昧的诗意色彩。某些标记让人联想到在《述奇杂俎》里的轻松速写：枕头下的香烟包和火柴盒伴随着浮浅的情谊，体育小报引起的对话交流，对运动表现的自吹自擂让人不禁想起学校里的健身教室。以女性境遇为中心的两个场景更加深刻：一

1 关于这一点需要注意，在这本丝毫没有浪漫诗意的作品中，有一个细节体现了勉强可以让人接受的悲剧之美：声名显赫的作家，面对着投河的不忠之妻的尸体，给死者的脸戴上了能剧的面具，但脸部浮肿的皮肉从面具之下四处溢出。

个场景是，悠一带着年轻的妻子去看妇科医生（因为他结婚了，这正是魔法师的诡计之一），以得到她初次怀孕的确诊，有名的医生向这一对完美的年轻夫妇致以乏味而朴实的祝词。在另一个场景中，悠一得到允许走进分娩室，见证了妻子长时间的分娩。“她的下半身似乎奋力地想要呕吐。”[1] 女性器官，直到那一刻之前对这个年轻男子来说似乎都只是一个“空的瓷器”，此刻却在剖腹手术的手术刀下显露出血肉的本质。这是一个具有启发意义的场景，就像所有死亡和所有出生一样，但各地的习俗总是用盖上一条被单的方式来粉饰这一场面，或者让我们慎重地移开眼睛。

与这部刺耳的小说——就像我们说一部润滑不好的汽车的车轮会吱嘎作响一样——相比之下，《金阁寺》可以说是一部杰作。尽管法语译本看上去卓越而精良，但也许尤其是在重读时，当我们把这部作品置于三岛作品的整体之中，就像嵌入一支交响乐内部的

---

1 在《忧国》中，三岛描写“切腹”的悲情场面时又运用了同一个意象。张开的腹部任由脏腑流出，看上去也如同呕吐一样。

时候，我们才能意识到这一点。像在三岛的作品中多次出现的那样，在作品中情节的安排是与即时当下的情况，甚至社会新闻相关联的：金阁寺是京都附近的一处圣地，因其建筑之美和位于湖泊岸边的地理位置而闻名于世。1950 年，在这里修行的一个年轻僧徒，把这座拥有近五个世纪的历史、浸润着义光时代的光辉记忆的建筑付诸一炬。金阁寺随后进行了重修，但三岛借助于诉讼文件，按照自己的需要，重新构建这宗罪案的动机和过程。很典型地，在罪犯的诸多动机中，似乎搀杂着未酬的壮志和怨恨，作者却只从中摘取一个动机：对于美的恨，面对凝结着数百年的完美的金阁寺这件被过分吹捧的珍宝的愤怒。就这个有血有肉的纵火者的情况来看，结巴和丑陋使这个见习僧得不到人世的友谊：他被戏弄，被嘲笑，只有一个天真的男孩和一个恶毒又玩世不恭的跛子是他的朋友，男孩因爱情而抑郁自杀，他的父母却把自杀伪装成事故，而跛子则利用自身的残疾获得女性的同情，然后引诱她们。此外，这个佛教僧侣阶层并不像我们原本认为的那样让人感到意外：处于世纪之交的于斯芒

焚烧中的金阁寺，电影《炎上》剧照

斯，接近于金阁寺被烧毁的年代的贝尔纳诺斯，都可能描写同样一个布满灰尘的修道院，一成不变的修行，流于空洞的例行程序的祈祷，还有时不时地隐藏在毡帽和羊毛围巾后，到城里去寻欢作乐的正派的修道院院长。在那个年代的一个天主教神学院学生，因“宗教的麻木”愤愤不平，转而点燃了某个备受敬仰的古老教堂，这在西方也不是什么不可想象的事。叙述自己乏味生活的平庸小僧看起来具有明显的真实感；同时，通过虚构这种处于所有文学创作中心地位的手法，作者在他身上不仅注入了一部分让读者能够理解并重建人物的敏感性，而且赋予人物以诗人的特权，即言说和调整所感之事的才能。总之，这部现实主义小说如同一支歌。

此外，见习僧对金阁寺的既爱又恨的双重情感，其实也是一种譬喻。一个欧洲批评家——虽然我觉得这是错误的——尤其是从这部作品创作的年代这一点上考虑，在其中看到身体的象征，而三岛为身体赋予某种极高的价值，确切地说，这是因为身体是可摧毁的，也许特别是在亲手摧毁它的时候。这是既矫揉又浅薄的观点，就像我们这个时代批评的许多观点一样，它没有考虑到一本书在一个生命过程中所处的特殊时刻，而是坚持把作者和他的作品用缆绳而非细如发丝的纤维连接在一起。在受到轰炸威胁的时期，见习僧对金阁抱有的感情是爱；他们一同经受着威胁。之后，在一个台风的夜晚，金阁，“塑造着我的宇宙结构的金阁”，奇迹般地躲过了侵袭，风暴掠过湖面却并未爆发，见习僧的灵魂在某种程度上为此而分裂，一半站在建筑杰作的一边，一半与狂风为伍。“使劲刮呀！使劲刮！再强烈一点！”西方的浪漫主义也曾感受过同样的欲望，也就是意欲穷尽自己的人的欲望。“刮起来吧，期盼已久的风暴，你应该把勒内带到另一种生命的空间中！”然后，随着见习僧变得阴郁乖戾，与在自身的完美中悠然自得的金阁变成敌对。但同时，对于这个丑陋的年轻人来说，金阁，像一系列明显浸润着秘传佛教色彩的思考所指出的那样，正是他自己。少年有着病态的心灵，成功地想象出了一座并不更广大的金阁，就像他最初看到的那样，一座在自身中包含着世界的所有美丽的金阁，它是极小的，这其实回到了同一点上，它像一粒种子一样，是自身也在其中孕育着的闭合的微粒。在另一个时刻，单纯的鹤川出于好玩扔进池塘中的石子，打碎了这个完美的客体的倒影，并把它幻化成涌动的波浪：这是另一个佛教的意象，即一个一切都在不停变幻的世界。见习僧摧毁这个杰作的欲望越膨胀，我们在精神上就越接近禅宗长老们的矛盾建议，即认同人们把佛的圣像当作取暖的柴薪烧毁的做法，或者越接近《临济录》里的著名箴言："逢佛杀佛；逢祖杀祖；逢父母杀父母！始得解脱！"危险的语句，却让人不禁想起《福音书》里的某些训诫。重要的是，在我们赖以生存或作为我们所有人的成长的基础的审慎、常见的智慧上，叠加危险但充满生气、来自更加自由的热情和极度纯洁的绝对的智慧。"我孤身独影，金阁的绝对包围着我。是我拥有金阁，还是我被金阁所拥有？抑或是产生了一刻罕见的均衡，此刻我是金阁，而金阁也是我？"

其实，一旦将金阁点燃，纵火者的第一个行为就是任凭它熊熊燃烧。他试图打开已经变成柴火堆的神社的大门，但徒劳无功，令人窒息的滚滚浓烟把他的自杀计划变成了阵咳，他退却了。最终，他也放弃了事后的自杀计划，为此他还购买了一把刀，在俯瞰寺庙的山坡上被逮捕时，廉价的点心填满了他因战后食品短缺而营养不良的饥饿的胃，此时他就是可怜的艾罗斯特拉，非常单纯地渴望活下去。

继黑色代表作《假面的告白》和红色代表作《金阁寺》之后，有一部明亮的代表作——《潮骚》是一个作家一生通常只能写出一次的幸福的作品之一。有些作品，其成功迅即而至，乃至于在挑剔的读者眼中，成功地侵蚀了这些作品，《潮骚》便是其中之一。它完美的明晰本身就是一个陷阱。希腊美好时代的雕塑，为了让眼睛和手更好地感受到作品线条的无限精妙，而避免在人体平面上出现过于明显的凹陷和凸起，因为那样会产生光线和阴影的斑驳，《潮骚》是类似的作品，批评性的诠释对它难以把握。这是一个男孩和一个女孩在一座日本岛屿上发生的田园诗般的故事。在那里，男人只能在外海捕鱼，女人在一年

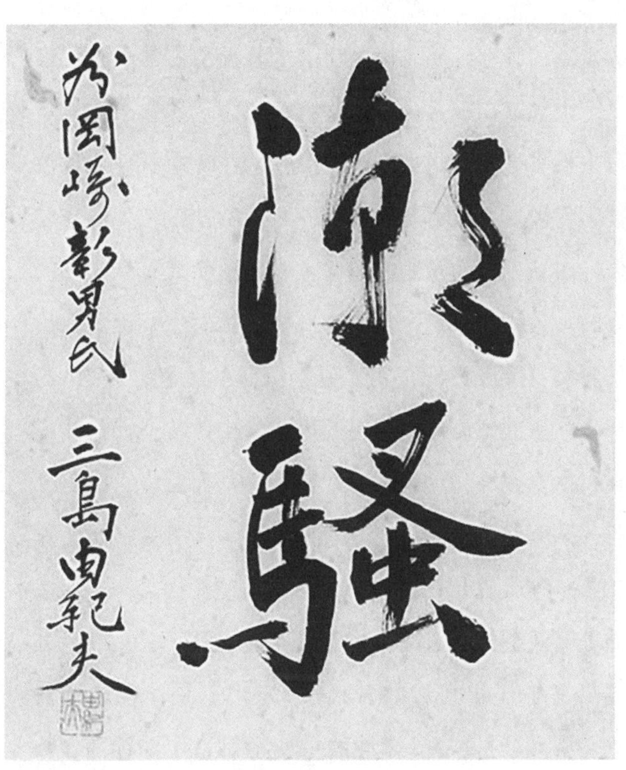

三島由纪夫亲笔

中一个短暂的季节里，潜水寻找鲍鱼这种覆有珍珠质外壳的贝类，除此之外没有其他的生活来源。这本书描绘了一幅并不悲惨但也仅能满足最低限度生活需要的生活的画卷。同时也描绘了一段爱情，其阻碍仅仅是一个靠捕捞鲍鱼为生的贫穷寡妇之子和一个在村民看来似乎非常富有的小船主之女之间微小的阶级差别。作者着手创作这部短小的小说时刚刚从希腊归来，对新发现的希腊的热情，以无形但具有存在感的方式，渗入在对这个日本小岛屿的描写中。因此，我们不妨冒险进行一下明显过于沉重的比较。《战争与和平》看起来是一部杰出的斯拉夫史诗，但我们知道托尔斯泰在写作这本书时，正因荷马而心醉、眩晕。仅仅从年轻人的爱情这一主题来看，《潮骚》似乎首先是《达芙妮与克罗伊》的无数旧题新作之一。但在此处，我们把所有对于古代的迷信置于一边——另外这只是年代相当近的古代——应当承认，在这两者中，《潮骚》富有旋律性的主线绝对是更纯粹的。除了朗戈斯也无法避免的几处浪漫的或根据传统略显夸张的小事件以外，每个片段都以一种适度的现实主义手法进行处理；不仅如此，在三岛的小说中，尤其没有任何因素，让人联想到，通过两个正在体验爱情但尚未发现肉体欢愉秘诀的孩子矫揉造作的水中嬉戏，来像搔痒般微微刺激读者的意图。男孩和女孩被一场骤雨淋湿，于是除去衣衫，隔着干柴禾堆取暖。这个有名的场景，只是稍稍有点违背真实性，因为在这个国家，色情的裸露长久以来非常少见，但日常的裸露是一种传统，例如在一些不是非常西方化的地区，仍然保留着男女混浴的浴场。在火堆边的这些羞涩的游戏，在《潮骚》中投入了亮丽的光彩和美丽的投影，就像神道的仪式之火的闪光一样。赤身裸体、身体冰凉的鲍鱼捕捞女们，在沙滩上为她们衰老或年轻的躯体取暖时，向一个小商贩贩卖的零钱包投去贪婪的目光。这样的场景远远偏离了喜多川歌麿的《捉鲍鱼》，在后者中，疲劳之后，留下的是优雅。一个主题浮上台面，并将在《丰饶之海》中重现：冷硬、纯粹的原初力量，与一个被腐蚀的世界贫乏的奢华形成对比。在最后的场景中，年轻男人接受了货轮主人的好意，在台风中投身大海，去把连结着浮标和停泊在港口中的船舶的缆绳重新系好，这一场景既是神话的，又是真实的。这具卷裹在波涛起伏的黑水中的白皙赤裸的身躯，挣扎着，调整着呼吸，胜过在神话中某个竭尽全力要与希洛重逢的利安德。年轻女孩的容貌更朴实，男孩的形象更耀眼，这样的一对男女就像动物世界中的雌雄配偶一样，最终为诗人实现了分裂在两个生灵身上的某种雌雄同体的图景。

为作者招来一场诽谤官司的《宴后》，则是另一个体现了这种投身现实的激情的例子，但在此处涉及政治和社交界，对此作者已经有所触及。对于我们来说，其意义尤其在于，作品在一个时髦的餐馆女老板的外表下，展示了一种类型的情妇，这种诱惑者和具有灵活商业头脑的女性，时不时地出现在三岛的小说中。我们发现，《丰饶之海》的庆子属于其中社会地位较高的一类，而《午后曳航》中的年轻寡妇，横滨一家高档商店店主，其形象则更加纤弱时尚。这部篇幅较长的中篇小说，具有如手术刀刀锋一般冰冷的完美，在三岛的作品中创作年代较晚，并且已经触及了三岛更久之后将要探讨的其他可怕的主题。另外，这种冷酷的暴力，这种称得上是不费力的高雅生活的枯燥乏味，在我们这个时代到处都具有典型性：一部由英国演员演绎、以英伦风光为背景的英语电影曾经把这场黑色冒险搬上了舞台，浪漫的水手和性感的年轻寡妇的爱情故事并没有多大变化，一群孩子参与活体解剖的行为亦是如此。但我们已然处于无法言说的恐怖之中。

三岛的大部分戏剧作品，像他的小说一样，在日本受到热烈欢迎，有时甚至比小说更出色，但都没有被翻译成外语。[1] 因此，我们只能不得已而选择五十年代的《近代能乐集》，和距离三岛生命终结更近的时候创作的《萨德侯爵夫人》。为能剧提供一个现代

1　三岛最优秀的中短篇之一《女形》，被改编成了戏剧，它微妙地表现了一个致力于扮演女性角色的传统歌舞伎男演员的处境，在日常生活中他不得不依照习俗以女性的方式说话、吃饭、行走，以防在舞台上表现得不自然，然而在乔装改扮下，他却仍然感觉到以及让人感觉到是一个男人在观察和模仿女人。在艺术和生活的关系这一问题上，这个主题还可以继续深化。看起来确实是得益于他与一个著名的女形演员中村歌右卫门的长久友谊，三岛才能发觉“演员的矛盾”，以及同时发现戏剧的矛盾，尽管作家自己，如果没有弄错的话，从未在他的纯“现代”剧作中启用传统的男扮女装演员。

的对应物，与把一部古代希腊剧作改编成现代作品，差不多体现出同样的吸引和同样的危险：吸引力来自一个事先已被澄清的主题，它为所有人所熟知，并且已经感动过几代诗歌爱好者，可以说，其形式自几个世纪来已经臻于完善；危险则来自流于平庸的效仿或刺激人的反常。科克多、吉罗杜、阿努耶，与他们之前的邓南遮，以及他们之后的其他几个剧作家，伴随着不同的幸运和失败，都经历过这一切。对于日本的能剧来说，困难更加巨大，因为这里涉及的剧作仍然浸润着神圣感，这一因素，对我们来说，在希腊戏剧中已经稍显变味，原因是观众认为剧作中提及的是已经灭亡的宗教。能剧，恰恰相反，糅合了神道神话和佛教传说，是还在焕发生机的两种宗教结合的产物，即使它们的影响在今日已经日渐式微。能剧之美，一方面在于呈现在我们眼前的这种生者与幽灵的结合，虽然在一个一切皆非永恒的世界之中，两者几近相同，但在我们今日的精神背景下，两者都很难让人信服。在大多数情况下，三岛都让人钦佩地接受了挑战。在《葵姬》中，我们很难对源氏（在此处化身为一个富有而杰出的商人）在诊所房间里的守夜无动于衷，他的妻子葵姬因严重的神经疾病在此处日渐衰弱；我们也难以漠视从幽灵游艇的一扇门的上场和从另一扇门的退场，在这艘游艇上，源氏貌似违心地与过去的情妇六条一起登场，而后者只是一个“活着的幽灵”，不幸的葵姬感觉在被她缓慢地折磨至死。《绫鼓》的布景如果能够实现的话则会更加奇特：空旷的蓝天，在两栋建筑物最高的两层之间，可瞥见一线天空，左边的建筑物是干瘪轻佻的女顾客经常光顾的高级服装沙龙，右边是诉讼代理人的办公室，一个陷入爱情的年老雇员在窗边窥伺。像在过去的戏剧中那样，一块裹着丝绸的岩石，即一面“绫鼓”，这个简单的戏剧道具，被玩笑般地送给了老人。它没有发出——我们猜测——任何声音，这是美人面对天真的爱恋者时的冷漠无情的象征，而爱恋者越来越用力地敲击绫鼓，像一颗就要碎裂的发疯的心脏的跳动一般，就这样为它耗尽了力气。

《萨德侯爵夫人》近乎一项壮举：整个剧本都是由对话构成的，就像拉辛的剧作一样，没有情节，除了后台或插入的叙述外，整部剧作都是由呈现对位分布的女性的声音构成的：深情的妻子，对女婿的放荡行为出于惯例而感到震惊的岳母，变成被追捕的罪犯的情妇的妹妹，谨慎的女仆，这个家庭的一个虔诚的女性朋友，还有，听上去没有其他人那么顺耳，一个女萨德，她是侯爵的信徒，梅尔特伊夫人式的人物，但其形象更加鲜明，她滔滔不绝地说着大段夸张的犬儒主义式的独白，而这些台词的目的似乎是为了造成戏剧效果。剧作得益于一种奇特的魅力，这是以缺席者为中心的所有小说或戏剧都会产生的魔力。萨德直到最后都没有出现，就像在维吉尼亚·伍尔夫的《海浪》中，书中其他所有人物都赞誉有加的柏西瓦尔一样从未出现。内心忠贞的妻子，由于柔情满腔（或者是由于其他不明原因？）而终于加入一场残暴可耻的狂欢，她让我们感动。尽管听到她赞美萨德是注定要创造新价值的罪恶的实体，是受到诽谤的伟大造反者时，我们还是会感到困窘，这大概是个与波德莱尔以及巴枯宁眼中的撒旦相近似的形象。况且，这种善与恶的几乎二元论式的对立，对于远东思想来说显得奇特、怪异，对我们来说却是老生常谈：我们经历了太多的恶的力量的爆发，乃至于不再相信富于浪漫色彩的恶。欧洲化的三岛，获得了作为戏剧家的成功，但在我们看来，他似乎陷入了一种浮浅的修辞学。接下来的一刻是一个伟大的时刻：一位妻子不断地前往监狱，在单人囚室的幽暗中探望囚犯，这位曾激情澎湃地阅读《朱斯蒂娜》并刚刚向我们热情地赞颂该书作者的妻子，此刻被女仆的到来打断了，女仆向夫人们宣告，侯爵先生被革命者释放了（现在是 1790 年），已经到了家门口。“我几乎认不出他了……他穿着一件黑色羊毛大衣，肘部打着补丁，衬衫领子脏兮兮的（顾及您的颜面），我还以为是一个老乞丐呢。而且他太胖了……他的面庞浮肿苍白……与他的肥胖相比，衣服显得过于窄小……当他嘟囔着什么事情时，我们看到他嘴里只剩下了几颗黄牙……但他庄重地对我说：‘我是多纳西安·阿尔冯斯·弗朗索瓦，萨德侯爵。’”萨德夫人的回答是让侯爵赶紧离开，并告诉他，她一生都不会再见他。判决已下，大幕即落。

究竟发生了什么事？侯爵身上化为肉身的罪恶，

在囚室的黑暗中若隐若现。爱着这一理想形象的萨德夫人，不想再要这个无精打采的胖男人了？她认为更明智的做法，就像她早前某些时刻想过的那样，是隐居在修道院中远远地祈祷，这样做不是像一个虔诚的女朋友建议的那样为了救赎她的丈夫，而是为了他能继续追随上帝让他遵循的受到诅咒的造物主的道路？更简单地说，自从监狱不再把她与他分隔开后，她害怕了？迷雾较之之前更加浓重地聚拢在萨德夫人的身上。

一切都伴随着《丰饶之海》发生了改变。首先是节奏。我们已经大概涉猎的这些小说都在 1954 到 1963 年间瓜熟蒂落；而四部曲的四卷小说的创作集中在 1965 至 1970 这命中注定的几年间。根据传说，如果我们已经可以谈论传说的话，第四卷《天人五衰》的最后几页是三岛在 1970 年 11 月 25 日那天早晨写的，也就是在他死亡前的几个小时里写的。有人否认了这件事：有一个传记作家肯定地说，小说是在下田写成的，每年作家和妻子以及两个孩子会来到这片海滨一起度过八月。但是写完一本小说的最后一页，并不必然意味着完成了这本小说：一本书，只有在装进写着编辑姓名的信封的那天才算是完成了，就像三岛在 11 月 25 日早晨做的那样，这是一部作品从孕育书籍的性命攸关的胎盘中最终脱胎而出的时刻。如果说最后几页不是在那个早晨写出来，或者至少是在那时润色过的，它们也证明了思想的最后一种状态。此外，这一思想的产生要远远早于下田的假期，但似乎就是在那次度假中，三岛确定了仪式性的自杀，换一种说法就是“切腹”的日期。整部《丰饶之海》就是一份遗嘱。首先，它的题目就证明了这个具有极端生命力的男人，已经与生命拉开距离。这个题目借用了开普勒和第谷·布拉赫时代的星象天文学家的古老的月球学的概念。“丰饶之海”是月球中心可见的大片平原的名字，而且我们现在知道，月球完全就是我们的卫星，它是一片没有生命，没有水，也没有空气的荒芜之地。从一开始，映入我们眼帘的就是，在相继煽动连续四代人的这种激奋中，在如此多的作为和反作为中，在虚假的成功和真正的灾难中，最终脱颖而出的是**空无，虚无**。这种虚无，也许接近于西班牙神秘主义者的“乌有”(Nada)，究竟它是否完全与法语中我们称之为“无”的东西一致，这一点还不清楚。

其次，还有更重要的一点是，作品的构成与风格发生了变化。这部作品不是从作者的想象中分别产生的，不管在这些作品中我们能够看到或推测出什么关系，四卷书构成一个序列，并显然从一开始就被引向某种结局。与一个西方作家得到这样的启发后能够写出的散文作品不同，不管是《禁色》的懈怠风格，《假面的告白》的主观主义，《潮骚》的适度平衡，还是《金阁寺》的繁盛或《午后曳航》的干涩，我们感到我们面对的风格，是赤裸的，有时近乎乏味，甚至在抒情的时刻也克制隐忍，还被刻上了似乎故意要让人磕磕绊绊的划痕。即使在最出色的英语译本中，试图建立连续性的处理手法也显得很不协调，也许原作也会让读者因此而感到困惑。欧洲绘画的透视法，代替了中国绘画中俯瞰深入的散点视角，或者日本版画中在平面铺展开的视角，在后两种视角中，具象通常表现为具有侵略性的层云的水平带状物，切开了物体，并分隔了空间。就像所有体现了强烈意志的写作或思想一样，如果我们不能原原本本地接受这部作品的独特性，这部书就会让人感到生气或失望。

除了这些缺点或这些独特的品质以外，还有一些显而易见的瑕疵。一个大作家（曼与博学者卡尔·凯伦依的通信证明了这一点）为了搭建自己作品的背景而求助于教科书，这样的情况并不少见，但通常，他至少会尝试用属于自己的风格包覆住这些完全现成的材料。在这里，相反，关于本多作为年轻的法学家时研究的自然法的原则，关于佛教，关于历史上不同时代转世的信仰，这些繁冗的信息打断叙述，而不是与叙述融为一体；它们没有经过再思考和再呈现。[1]

我们会惊讶于不久前还是法学学生的三岛，竟然

---

1 三岛内在的宗教感情很有可能是具有神道性质的。在《奔马》中，对武士在去集体献身之前进行的占卜仪式的描写是他最美的篇章之一。我们想起了曾在别处慨叹神道仪式的纯粹简朴的本多，在恐怖但神圣的印度内地感到："他满怀思乡之情地渴望感受一下一捧从井中汲取的日本之水的清凉。""甜蜜的生活"的爱好者在放荡的一夜之后，作为观光者参观了一座神道寺庙，对这些人的描写也具有同样的意义。时不时地，三岛本人似乎也接受了某些神道大师的思想，即谴责佛教让日本的灵魂失去了贞操。荒谬的指责，因为日本是唯一一片佛教以禅宗的形式，作为"武士道"战士的行为准则而获得接纳的土地。渐渐地，超脱、无常和虚无等佛教的重要概念在三岛身上产生了越来越大的影响，但似乎直到最后，他始终缺乏佛教的怜悯之心。三岛想要让自己变得冷硬。

尽管如此，要注意在某些被评价为"残酷"的作家的作品中，描写这件事情本身就意味着怜悯的行为，怜悯并不需要流露并随之转化为感叹。福楼拜以临床诊断式的冷漠描写了爱玛·包法利的死；我们知道，他同情她，甚至，通过与她同化而爱着她。

不利用他自己的记忆来描写本多的精神培养过程；一个生于1925年的日本人不太了解佛教的宗教学说倒不是那么让人惊奇了，就像一个同时代的法国人可能对天主教也所知甚少一样。但，《金阁寺》已经证明了三岛对于佛教的外在修行方式，有着可以说过于细致的了解，也有把佛教的某些冥想技巧化为己用的能力。因此，很难解释为什么四部曲的前三部，对于佛教的介绍显得浅薄又冗烦。这一切就好像作者急于结束他的作品和生命，于是零零散散地向读者，不然的话就是向他自己，抛出了一些必要的解释。

《春雪》，四部曲的第一卷，以对一张照片的长久注视开卷，当本多和清显两个少年开始对这张照片产生兴趣时，它才刚刚拍摄不久，但有一天，在本多看来，就像在我们看来一样，它将显得虚幻而又带有预言性。在露天的祭台周围，土台环绕，人群聚集在一侧，另一侧也有数百人：这只是日俄战争的一个瞬间，在书开始的时代战争已经结束，但清显的叔叔们都死于这场战争。战争也开启了帝国主义的上升时期，它注定将日本引领向满洲国、太平洋战争、广岛，最终到达一个和平的新时期中具有侵略性的工业帝国主义，也就是这部漫长小说的人物在其中活动，并成为其代表的连续的不同阶段的日本。淡红色调的照片，是世纪转折点时拍摄的照片的典型样式，其暴风雨和日食来临般的色调看上去正与幽灵相配。幽灵们，无论如何，这些站立在橙红色光晕中的士兵，即使在这时候他们还不会战死沙场，但已经是或者在不确定的某一天将会成为幽灵，很久之后，此时还是少年本多的那个人的漫长一生才会结束；在这个祭坛上举行的太阳帝国的祭礼，比他们中的某些人消亡得更早。但是，在 1912 年，清显和本多对这张反映一场胜利的战争的图片，表现出同样的漠不关心，就像 1945 年三岛本人在面对一场失败的战争时的表现一样。他们没有参加这场战争，就像他们不会参与剑道的嘶吼，或者不会把贵族学校的爱国警句深植心中一样。确切地说，并不是因为这些富有的学生是反抗者，而是因为他们处于这样一个年龄阶段，此时梦想、情感和个人野心的蚕茧包裹了大部分的青年人，并为他们缓和现实的冲击，也许这是一种运气。在整本书中，本多，这个善良的朋友、刻苦的学生，就像是浪漫的清显的灰色影子。其实，他正是那只在观看的眼。在清显和聪子这对他竭力帮助的情人之间，他在毫不知情的情况下，进入未来的窥视者这个角色。在这两个审慎的年轻人身上，不仅很少带有他们时代那些决定性的事件的印记，而且，他们忧郁地感到，只会顾及大多数人的历史，终有一天，会把他们混入那些不像他们那样思考或梦想的人们构成的群体。他们身边处处充斥着预兆，像往常一样，这些预兆在有可能发挥作用的唯一一瞬间却是难以理解的：藏身在松枝家公园的池塘污泥中的黏乎乎的鳖，学校运动场边死去的小动物，侯爵夫人指给拜访者们看的人造瀑布岩石缝中脑浆迸裂的狗，一个可敬但过分雄辩的佛教住持尼为狗进行了祈祷。在这一连串表象的深处，是松枝清显保存的他的梦的日记，其中的某些梦，将在年轻人死后实现，但仍然一直是梦。在活了八十岁的本多和二十岁上就逝去的清显之间，经验的差距从长远来看不复存在了：一个人的生命灰飞烟灭，就像另一个人的生命烟消云散一样。

围绕在这两个青年身边的，是一个已经高度西方化的社会，但这种西方化是英国式的，并且局限于上层社会中。大众的美国化还为时尚早，巴黎对松枝侯爵和绫仓伯爵来说归结为香槟酒泡沫，女神游乐厅的浴女们在其中浸泡。本多的父亲是一名法官，生活在一栋摆满了欧洲法学著作的房子里。松枝家高雅的日式房屋边，依傍着一栋奢华的西式住宅；在晚餐结束时，男男女女以维多利亚时代的方式互相道别；樱花节时，让人难以负荷的接待节目包括艺伎表演、一部根据狄更斯的作品改编的英语电影，以及丰盛的一餐，菜单是用法语编写的，而最后一道菜是焦糖奶油蛋糕。作为新晋的贵族，松枝家把清显托付给了风光不再的贵族绫仓家，以传授他宫廷的礼仪。孩子在一场典礼中拖着王妃的裙摆时，穿着天鹅绒的短裤和花边领饰的衬衫，但他的第一次的性骚动却是典型日本式的，就像浮世绘中喜多川歌麿和溪斋英泉之流的作品引起的感受一样：从和服新月形的领口瞥见的女性的颈背，在日本是如此地令人激动，就像乳房的诞生之于欧洲画家一样。

然而，环绕着聪子这个渐渐从游戏和学习伙伴转变为情人的角色，却飘浮着一种古代日本的气氛。我们开始注意到，在古老并且近乎乡村式的家族公馆的不远处，一条小街的低处有一栋两层的简陋建筑，半是妓院，半是为近处军营里的军官提供的便宜住所，最初这里就是由一个已经上了年纪的男人运营的。正是在那里，绫仓伯爵在一个雨天里翻阅一卷古代绘画，在画卷中，一方面色情和诙谐的风格被推进至阴森可怖的程度，另一方面又体现出佛教对于淫荡的幻景的蔑视，这两个方面相结合，描绘出肉欲的地狱最底层的景象。也正是在那里，在这些图画的刺激下，他将享受负责抚育他的女儿的年老艺伎严重走味的魅力，并就还未到青春期的孩子的教育问题，给他奴颜婢膝的同伴提出了奇特的父亲式的建议。他认为对于孩子来说，不仅要学习一般的技巧，即在已经不是处女的时候，如何表现得像一个处女，但当一个引诱者很有可能会向别人吹嘘是她的第一个男人时，也要学会在即使还是处女的情况下表现得不像一个处女。后来，当清显在犹豫、逃避和谎言之间来回权衡后，几乎以一种渎圣的心情渴望这个如今已经成为一个皇室亲王的未婚妻的女孩时，也是在这个近乎充满魔力的地方，在地上丢弃的衣物和解下的腰带的一片狼藉之中，女孩委身于他。作者打算创作出一幅类似“春画”(shunga)的图景，换句话说，就是伟大时代的色情浮世绘，他大获成功。

贵族学校的生活只是用模糊的线条勾勒出轮廓。除了与一个正在阅读莱奥帕尔迪的低年级学生短暂的相遇之外，没有提及任何一个同学，但在此处，我们认出了与《金阁寺》中的跛子相同的人物，这也是令人感动的。社会和社交生活是如此的寡淡乏味，以至于作者并未费心在各处用风趣和讽刺进行润色，而这在法国是传统的做法，常见于普鲁斯特的作品中。彻底的平庸在某种程度上使其化为了虚无。在假期中，清显在父母的别墅中盛情接待了他的同窗，对于两个年轻的暹罗王子来说，这段假期同样无足轻重。而读者料想不到这个几乎无意义的片段稍后将在整部作品的结构中占据多重的分量。但在平常而彬彬有礼的表面下，年轻的情人在继续奔向灾难。清显说服了年轻的女人来到海滨与他过夜，因而我们看到在皎洁的月光下，赤裸的情人们躺在沙滩上搁浅的渔舟船底的细长阴影中的画面，感受到了他们随着似乎要把他们带向大海的小舟，体会的如同驶向深海一般的感觉。这一刻，处在狂喜和完满中的生活，却让人感觉像是永远的离别；之后，带领聪子来赴约的本多，利用汽车这种当时还很少见的运输方式，又带着聪子返回，对于他来说，只感觉到身边有一个身着缀白点的欧式裙装的年轻女人，谨慎地脱掉鞋子，倒出里面的沙子。

以前，还没有下定决心的男孩和女孩曾坐在由两个人牵引的老式人力车里，在东京的郊区散心，钻进篷布里的春雪只在他们的脸上和手上留下了柔和潮湿的清凉。但瑞雪却变得不祥了。聪子仍然是一个皇族的未婚妻，绫仓家下了让她堕胎的决心之后，母亲带她来到奈良附近的一座寺庙，以掩饰她曾在近处的一家诊所逗留过的事。年轻的女人利用在寺院度过的几日，剪断了浓厚的青丝，并要求进行佛教尼姑的剃度仪式。剃光头发的头顶，第一次感受到了秋风凛冽的寒气；她如此美丽的发辫匍匐在地上，不可避免地让读者想起情事中散落在地上的腰带，这些发辫几乎立刻就染上了已死亡的事物的令人反感的样子。但绫仓家没有因为这点小事就灰心丧气。唯一的问题在于要知道在什么时间，让什么人，在最隐秘的情况下制作假发，或者更确切地说，制作两顶聪子将在婚礼仪式时使用的假发，一顶日式发型，另一顶欧式发型。当浅薄的流言在东京的一个门窗紧闭的沙龙中继续飘散时，聪子已经越过了一道门槛。一切的发生，就像只此一次的满足，痛彻肺腑的心碎，在始终汲汲于名利的父母面前，她被迫与清显进行道别，造成了一次完全的断裂。她放弃的不只是她的情人，还有她自己。“道别已经足够了。”但是，被家人严密监视的清显，自从爱情变得难以实现后，就一直在受着爱情的折磨。多亏了本多借给他的为数不多的金钱，他离开东京，下榻在奈良附近一家穷酸的小旅馆里，在寒冷的晚秋的大雪中，他一次又一次地，耗尽力气步行登上通向寺院的路。每一次，他都被拒绝进入，每一次，他都坚持，他拒绝车夫的建议，迷信地相信他因剧烈咳嗽而虚弱的双肺承受越巨大的考验，他能再见到他起初不怎么喜欢、后来却疯狂爱上的聪子的机会就越大。

最终，躺在小旅馆的一间简陋的房间里，他向本多求助，尽管考期临近，后者的父母还是允许他来与朋友会面，只是为了让他了解，对朋友伸出援手要比对事业的关心和考虑更重要。本多，担起了哀求者和解释者的角色，也攀上了积雪的山峰，但尼姑接待他只是为了让他听到一个确定的“不”字，即使这个“不”切断了清显与生命相联系的最后一根细线。清显和本多坐车回了东京，在普尔曼的车厢里，在微弱的灯光下，本多拿着从不离手的法学教材，俯身贴近发烧的同伴，听见他嘟囔着说，他们终有一日，将会在“瀑布下”重逢。这再寻常不过了，在日本文学或者甚至日常交谈中，经常出现这种暗示，可能是关于我们曾经坐过一次的树下阴翳，或者关于在另一段生命的历程中我们曾一起饮过的水。过去的日本绘画为我们提供的瀑布通常是垂直的图像，水流富于紧绷感，就像一件乐器或一张弓的弦一样。(但此处的瀑布，不只是松枝家的人造瀑布，也不是本多某日将会看见的更具有神圣意味的瀑布，而就是生命本身。）

作为整部作品基石的"转世"的概念，对一般读者来说是一块绊脚石，但同样，出于我们将要看到的原因，这也是这部四部曲吸引人的品质所在。此处，首先应该理解这一概念。一开始，让我们先除去大众化的迷信观念，不幸的是，三岛却对此非常重视，也许是因为这一方法在他看来非常便利，也许是因为这些在传统日本通行的迷信观念，在那里不会带来比一个欧洲读者面对一个恰逢十三号的星期五或打翻的盐瓶这类的暗示更多的困扰。贯穿《丰饶之海》四卷书的三颗美人痣，位于清显苍白的皮肤、勋晒黑的皮肤和泰国公主金色的皮肤上相同的位置，对此的反复强调，与其说具有说服力，不如说更具有刺激性。[1] 我们最后不禁思忖，不管是涉及清显的卑鄙的家庭教师否认曾经看到过这个标记，"因为他不敢将目光置于年轻主人的身体之上"，或是本多相反的不得体的做

---

1 在拉夫卡迪欧·哈恩的日语叙事作品中包含一些例子，就是由身体标记确认的"转世"案例。这些例子似乎意味着，这种类型的民间传说在十九世纪的日本是很常见的。

法，即在年幼的异域公主赤裸的肋部寻找这一标记，这其中是否存在着某种隐秘的感官的兴奋剂。教条的简化比这些民间传说的残余更让人困扰。这种简化证明了对人们生长于其中的宗教的无知，而这种无知在我们这个时代，当然不仅仅存在于日本。本多在被他看来是“转世”的活生生的证据的东西所侵袭，并似乎因此而窒息时，他才开始研究“转世”的理论。这一理论在四部曲的第二卷中，仅以一种我们不知道哪里来的教科书式的概述的形式出现，其中还胡乱引用毕达哥拉斯、恩培多克勒和康帕内拉。事实上，在这一点上，像在其他许多方面一样，佛教的观点是非常微妙的，乃至于教理本身就很难理解，而要在思想中坚持这些教义，不在无意识的情况下，让这些教义很快地遭受我们对与自己的观点相距甚远的思想进行的改造，则更加困难。

印度教即使无论如何都把存在的真实置于每一个个体的中心，也坚持这样的格言：“只有神才能转世”，同时，我们如此坚持的个体性，会像衣物一样丝缕松懈。佛教否认或忽视存在，只承认过渡，那么，其转世的概念就更加微妙。如果一切都是过渡，那么这么说来，暂时存在的因素几乎只是一些穿过个体的力量，并且这些力量按照某种大体上与能量守恒规律近似的法则持续存在，至少直到能量本身“消亡”之前都持续存在。留下的至多只是经验的残余，一种倾向，一种多多少少持久的分子的黏合，或者，如果我们更喜欢这样理解的话，是一种磁场。这些颤动中的任何东西都完全没有消失：它们回到了世界的阿赖耶识中，这是事实，或更确切地说，是体验过的感觉的容器，就像喜马拉雅山是几乎终年不化的冬雪的容器一样。然而，不仅赫拉克利特不能两次沐浴在同一条河流中，我们也不能在我们的臂弯中，两次拥抱曾经存在过的同一个人，他会在那里像一片雪花一样融化。另一个老生常谈的意象，是从一根蜡烛传递到另一根蜡烛的火焰，火是无个性的，但要依靠蜡烛个体的躯体来滋养。

无论三岛在这一点上的信仰如何，或者干脆没有信仰，我们发现，尽管清显并不是勋，两个人也都不是暹罗公主，但仍有一种冲动贯穿在三个人之间，这就是生命本身，或者也许单纯地说，是青春依次以最热烈、最冷酷或最具有诱惑力的形式显现。更深刻也更主观地说，我们感到面对的是一种可与爱情相提并论的现象，尽管本多对两个年轻男子的完全的牺牲精神，我们不能恰当地称之为爱情，或者，尽管有某种与爱情的冲动相似的东西曾经触及本多，作者却并没有向我们道出个中原委。另一方面，促使本多渴望拥有，或更恰当地说，渴望**看见**年轻的暹罗女子的那种模糊的老年人的欲望，也许离爱情更加遥远。但是，在这三种情况中，爱情的奇迹完美地显现：在一种我们所有人都共通的精神机制的作用下，本多的父母、同窗、妻子、同事，以及他作为法官，对其掌握着生杀大权的被告，他在东京和大阪的街上或电车里遇见的成千上万的路人，对于他来说，他只是以完全或不完全的冷漠，以模糊的厌恶或柔情的善意，以多少有些漫不经心的注意力来观察、感受他们。即便是偷窥者的目光停驻流连的那些平庸的对象，他们也不是**人**。就他的情况来说，只有三次——因为在清显爱着聪子的时候，聪子才在这个循环中存在——只有三个人，对于他来说，是以所有鲜活的生灵都具有的强度在活着，但这种强度，我们几乎只能在那些出于某个或另一个理由，曾经震撼过我们的人的身上发现。彼此不同的人们构成了一个序列，但是只有我们对他们作出的选择，才能以一种不可理解的方式，把他们集聚起来。

《奔马》，四部曲的第二卷，是从差不多四十岁的本多死气沉沉的生活铺展开的。他的生活是如此的平淡乏味，以至于死气沉沉这个形容词都显得有点夸张了。然而，从社会的视角来看，他是成功的，因为这位法官，在对于一个法官来说尚轻的年纪，就在大阪法院有了自己的席位，还有一位顺从的、有点体弱的妻子完美地操持着一栋非常体面的住宅里的家务，他对他所拥有的东西和他所成为的样子，几乎不合常理地感到心满意足，但也仅仅是满足而已。但在对这段并不奇特的生活的介绍中，一开始就出现了一个奇怪的象征性的意象：一天，在几乎没有意识到的情况下，他听到了毗邻法庭的监狱里，地板门在一个犯人的脚下打开的声音（“为什么要把绞架放置在离办公室这么近的地方？”），为了打发空闲时间，本多弄到了新近建成的一座塔楼的钥匙，这座内部像被掏空了一样的塔，是一个野心勃勃的建筑师在欧式法院的旁边加建的，也许目的是为了增加法院的威严感。积满尘土、有点不稳固的螺旋状楼梯引领他攀至顶端，但他从塔顶也只能看见灰色天空下城市平庸的景色。然而，从这最初的几页开始，一段主旋律纠缠不休地钻进我们的听觉器官之中：这种没有目标的上升让我们想起了本多朝着寺院充满勇气的徒劳的攀登，雪地上他的脚印跟随在清显留下的痕迹之后。我们不禁想到了普鲁斯特在司汤达的作品中注意到同样的关于高度的主题，他指的是布拉奈斯修道院院长的钟楼和囚禁法布里斯的堡垒，或者充当于连・索莱尔的牢房的堡垒。不久后，果然，一段新的上升随后出现，这个对一切都好奇的男人，就好像只有复杂的兴趣才能与之相称，他感受到这种上升，因为这里涉及的是一座圣山，但他却没有信仰。

法院院长恳求本多代表他出席一场在神道神社中为了向“荒魂”表示敬意而举行的剑道比赛，年近四十岁的法官不太情愿地答应去参加一场他过去讨厌的这种粗暴的表演活动。那天，一个年轻的剑道选手，穿着黑色的传统裙装，戴着头巾，光着脚，脸上戴着铁条护面，他精彩的比赛激起不温不火的观众的兴趣。这个勋，因为这里所说的正是勋，就在这酷热的同一天的下午，法官再次见到了他，赤裸着站在瀑布下，正忙着进行攀登圣山期间的仪式性的净体；对清显的回忆占据了本多的头脑，在这个只因青春的活力和单纯而显得俊朗的年轻运动员身上，他毫不犹豫地认出已去世二十年的敏感的清显：一切的发生就好像一个人的热情变成另一个人的力量。

这种生发于一股主观的激动的荒谬确信，像浪潮一样推动着他；他在奈良的旅馆住了一宿之后，作为一个理智的人和一个法官的每一根纤维都在动摇着他。很快，同事们在他身上看不到过去那个敏锐勤奋的法官了，他们摇着头，推测他，像通常会发生的情况那样，陷入会给他带来最大损害的某种平庸的爱情冒险中。同样，本多很快放弃了他在法庭审判团的法官职位，这一自我牺牲的行为在他看来非常简单，目的是再次在东京律师公会注册，这样他就为自己争取到了替勋辩护的机会，后者被证实参与了密谋反对工业企业即“财阀界”的成员的活动，并且预谋谋杀这些成员中的十几人。后来，本多得到了年轻人的无罪宣判，但并未能因此而拯救他，因为勋一被释放后，就完成了至少一宗他计划的谋杀，之后马上就进行仪式性的自杀，这也是其计划的一部分。

整部作品中最奇特、最温柔的段落，也许正是出现在这一冷酷的阶段中。在全力为行动作准备时，勋寻求到一些军人的支持，尤其是一个过去住在离军营不远的小街低处的旧木棚里的军官。这个男人把勋介绍给他的长官，就是过去曾与聪子订婚的皇族亲王。有一个瞬间，透过酒精、烟雾和惯常的礼仪，隐隐产生了一种温度的降低，一种无法说明的退却，作者几乎对此未作强调。但是，一走进倾斜的小街尽头破旧木棚屋的小花园，冷酷的勋，任何此类感情都从未触及过的勋，却突然感到一阵愉悦的昏眩，就好像过去清显在那里占有聪子时感受到的某种幸福，穿过时间渗透进他的身体。他没有再考虑过这件事，并总是无视其原因。但一切都背叛了他，军官在危险关头让人把自己派遣到了满洲，皇族害怕名字被泄露出去，而年轻的女人，一个才华横溢并热衷于上流社会生活的女诗人，勋感到对她抱有某种模糊的依恋，并且把她看作团体的吉祥物，她却在诉讼中为了给自己脱罪撒了谎，毫不担心她的谎言让年轻男人在他的团队成员眼中，被贬低成了意志薄弱的人并被破坏了名誉。同样出卖勋的，还有他父亲的一个旧日的学生兼助手，充其量是一个破坏分子的放纵的人物，以及他父亲本人，这个法律狂人以忠诚于天皇传统的最佳信念，管理着一所小小的学校，但实际上，他却从勋认为对日本和天皇都有害而意欲摧毁的那些财阀界成员那里接受了资助。在诉讼期间，年轻人与后来出发去了满洲的军官密谈的次数和确切的日期，对指控是否成立具有重要意义。木棚屋年老的屋主被传唤到庭，看看他是否能辨认出坐在被告席上的勋。风烛残年的老人，倚靠着一根拐杖，靠近年轻人，审视他，然后用衰老的声音回答道："是的，二十年前他和一个女人来过我的房子。"二十年，这正好是勋的年龄：老糊涂在笑声中离开了法庭。只有坐在律师席上的本多，他的手在面前摊开的纸页上颤抖。这个行将就木的老人，在两个激烈的年轻人身上，感受到同一种热情。

我们已经看到，三岛是怎样运用“转世”的概念，以一个新的视角来介绍 1912 年至 1970 年间的日本，无论这一概念具有什么样的心理学或形而上学的意义。所有涵盖了连续四代人的小说（托马斯·曼的《布登勃洛克一家》也许是最完美的），都是以家庭为基础，以一系列杰出或平庸的人物为典型，但所有人都通过血缘或联姻连结在一起，在同一个遗传群组内部发生作用。此处，这些连续重现的人控制着从一个场景到另一个场景的突然过渡，本来在边缘的人物稍后就占据了中心位置。勋是松枝家的家庭教师、无耻下流的饭沼和这同一个家庭里的一个女仆生的儿子。四部曲的第三部《晓寺》，明显是最难以评价的一部，在这部里，暹罗小公主月光公主出场了，而清显的朋友、两个暹罗王子乏味的故事，以及祖母绿戒指丢失，或者也许是从他们之中的一人那里被偷走的事件，很早以前就为此作了铺垫。在《梦的日记》中，清显已经记述过一个梦，梦里他手指上带着这枚戒指，并且在宝石上看到头戴冠冕的年轻女孩的脸。战后，祖母绿戒指在一个新近落魄的古董商那里再次出现，并由本多交给在东京求学的月光公主，之后又在年迈律师的奢华别墅的火灾中化为灰烬。此时他已经是“财阀”强大的垄断企业中一家公司的富有的顾问，而勋曾经正是与“财阀”作斗争的。这场资产阶级的大火，却让人想起太平洋战争前夕，本多在贝纳勒斯从近处凝视的那场大火，在这之后，书中几乎就没有再述及月光公主本人。我们偶然得知她死在她的家乡，日期不确定。但是，月光是清显过去接待过的两个王子中的一人的女儿，她以近乎神秘的方式，与两个年轻人中一人的未婚妻同时也是另一人的妹妹相重合，后者也在年纪尚轻时就死去了。

另一方面，在监狱里，冷酷纯洁的勋梦见一个年轻的陌生女子在炽热的一天中浅睡，也许只是因为她引起了他的兴奋，她让人有点联想到槙子，也就是准备要背叛他的年轻妻子。然后，通过梦中经常出现的这种关键人物的突然转换，他感觉他自己就是女人。他觉得他看待世界的视野缩小了，不再为了更从容、更亲密地与事物接触而构思抽象的大计划，并且，他不是渗透进这个陌生的年轻女子，而是成为她，他的快乐正来自这种变形。本多也没有忽视勋在去世不久前，因为对腐败的泥塘和他身陷其中的虚假证据的厌恶，第一次喝醉了，他在酒醉的睡眠中嘟囔着不知道什么事情时，提到南方一个炎热的国度和一个新的开始。

因此， 1939 年一次公务旅行把本多带到曼谷，一个六岁的小公主哭泣着紧紧抓住他，声称自己是日本人，并要求这个陌生人把她带走时，他并未感到惊讶。这个场景对于所有欧洲读者来说都是不可思议的，或简单地说，这是一个“现代的”场景，并且似乎被笨拙地强调了一下。然而，不要忘记某些严肃的心理玄学研究专家[1]断言，例如伊恩·斯蒂文森[2]，正是在非常幼小的孩童的胡言乱语中，我们可以找到

---

1 此处，“严肃”这个形容词总是会引起问题。但是，我们要避免用一个怯懦或迟钝的“不”对所有心理玄学现象进行反驳，因为它与那些既不能证明也不能解释教义的信教者的“是”同样的俗套。只有认真的观察可以让此处的“神秘”退却，这种神秘中也混杂着我们的无知。

2 伊恩·斯蒂文森，M. D.：《二十案例示轮回》，纽约，心灵现象研究协会，1966 年。

通往前生的最佳线索，假设存在这种线索并且可以对这些线索追踪的话。月光公主在各个方面都符合心理学家所说的典型；她完全忘记童年的这种突发奇想，或只能通过保姆们的模糊暗示回忆起这件事。战后作为学生来到日本后，她在那里似乎并不愉快，但是在任何情况下都未显示出强烈的感情。

在片刻的清醒中，本多在优雅的月光公主身上发现了“中国式的哼哼唧唧的轻薄之态”的疑点，而美军占领时期的美好时光和轻易就能得到的金钱，让后者在东京过着没有太多风浪的放荡生活。年轻的女孩拒绝了年老的本多笨拙的挑逗，勉强逃过了反抗团体里的一个男孩在老人的同意和窥视下试图对她进行的侵犯。后来，透过书架木板上一个灵巧开出的小孔，本多看到了“纤弱的美人”月光公主，和“强壮的美人”，一个老到成熟的日本女人的游戏。新的象征符号纠缠着我们，这并不比我们梦中的记号更容易破解：在夜总会，经验丰富的诱惑者庆子、本多、月光公主和年轻放肆的侵犯者，在这种地方几乎惯常的黑暗中共进晚餐，本多用刀切开烹制得恰到好处的牛排，这样才能把它送到他松动的牙齿边，这时他看到一滴变成黑夜一样颜色的血滴到盘子里。或者还有，在《奔马》中，更加难以理解并把思想引致我们不太知道的什么地方的，是勋决定送给槙子作为告别礼物的来自广岛的牡蛎桶，被囚禁的软体动物在满盛黑水的容器中劈啪作响，互相碰撞。

正是从《晓寺》开始，作为观察者和预言者的本多，明显地降低至单纯的窥视者的程度。这是一种艰难的转变，但并不特别奇特，因为目光与裸体的这种悲惨的接触，对于老人来说，也许成为他与一生都保持着距离的感官世界的唯一联系，也是他与现实的唯一联系，而杰出人士和富翁的地位使得现实越来越逃离他。《午后曳航》中已经出现一个实施犯罪的偷窥癖儿童，我们也不能忘记在《金阁寺》里对同一主题的一段悲怆的叙述：未来会纵火的那个小僧，睡在日式房屋的唯一一个房间里，因为感到蚊帐在晃动，他意识到躺在旁边的母亲正委身于某一个来过夜的亲戚。看到但并不理解这一切的孩子，突然感到一道“肉墙”置于这个场景和他的眼睛之间：这是父亲的双手，他也看到这一幕，但不想让孩子看见。在这里，相反，窥视者的主题是与弱小和年龄联系在一起的。本多在曼谷曾梦到看见小女孩撒尿；之后，在全新的住宅区里受到蛇害侵扰的地块上，他修建了一个游泳池，希望能看到最大程度裸露的月光公主投身其中，而其落成仪式则为我们展现了这些虚幻的社交场景之一。对此，三岛非常擅长，就像是随时可能出现并加入其中一样。

一个在水中戏球的皇族是乡间的邻居；同样住在附近的一位尖酸富有的祖母，在泳池边看守着她的一群孙男孙女；一个喋喋不休地说着超现实主义性质的暴虐话语的文人，在他不讨人喜欢的情妇的旁边，展示着自己衰老松弛的身体，后者也是一个文人，总是边哭边不断叫着在战争中死去的儿子的名字，以此作为一种性欲兴奋剂。窥视癖也许像感冒一样会传染，因为在《奔马》中，也许是出于爱情曾经立伪誓和撒谎的槙子，冷眼旁观这对男女萎靡的游戏。晚餐后在这个寄生虫文人的服侍下分食人肉的白日梦，是在已然远去的《假面的告白》中年轻人血腥梦幻的卑鄙的回声。当这对因服用了太多药物而无法逃跑的男女葬身于别墅的火海中时，我们感觉三岛只不过在本该发生的事情上，堆积上炙热的木炭。庆子，至于她，月光公主的强壮的同伴，是一个负责端鸡尾酒和洗杯子的单纯可靠的美国军官的情妇，她利用这种关系，在专供占领军购物的商店中购物，并把电线接驳在军营的电源上。月光公主回到故土并死于蛇的咬伤，我们听到的她最后的声音，是她虚幻的低笑，就好像这个虚妄的夏娃在与蛇充满柔情地嬉戏一番。

在《晓寺》中，轻浮的生活似乎把人物甚至是作者的意图分割成几个层次：在充满欢愉和商业事务的东京旁边，是 1945 年被破坏的东京，本多曾经在废墟中重遇年逾百岁的艺伎，而这个东京仍然包含着希望的残余。在最后一卷《天人五衰》[1] 中，希望破灭了，随之一起灭亡的，还有依次出现的高雅、热情或美丽的化身。有时，我们甚至感觉看到了干枯惨白的

1　见第 9 页注释②。

骨头穿过一片腐朽露了出来。而《天人五衰》这个题目，指涉一个佛教传说，根据这个传说，天人，即人形化的神的实体、精灵或天使，不是不死的，或确切地说不是永恒的，他们在这种形态下只能存在千年，之后便会看到自己身上花叶边饰的花朵枯萎，珠宝饰品变得黯淡无光，并且闻到恶臭的汗水从身体上流下。不管这种天使在此处化为何种人形，他们似乎正是日本本身，扩展开来，对我们这些读者来说，这是不管发生在何处的现代灾难的象征。但是让我们暂且保留这些评论。老态龙钟的本多做了今天一个有钱的日本人会做的事情：旅行。时代离我们更近了，这时已经不是他在英属印度会感觉自己是一个二等旅行者的时代了。庆子陪伴着他，这个七十多岁的胖女人还在到处诱惑伙伴，共享欢愉，并且乐于看到老人还在通过一些我们很难预料到的东西与过去保持着联系：他把妻子的灵位精心摆放在旅行箱里，尽管妻子本人对他来说占不了什么分量。但是，本多不再具有过去有的那种预见的天赋了。

两个上了年纪的伴侣在大使家共进晚餐（他们正

是如此得知月光的死讯的），晚上还在一起品酒。庆子带着她年老的朋友到古老日本的名胜游览，出于一种与常理相反的附庸风雅，这个美国化的日本女人宣称现在对这些景点很感兴趣。他们就这样来到了海边，来到了大家耳熟能详的能剧故事《羽衣》发生的地方，古代诗歌中的天使在返回天上之前，曾经在这里为目眩神迷的渔民表演天使的舞蹈。但一切都腐朽了：沙滩上散落着垃圾；令人满怀敬意的古松曾见证过天使的舞蹈，但现在不仅干枯过半，而且树身上枝桠掉落后用水泥浇筑的疤痕，比树皮还要多。通向这个著名景点的街道是某个游乐园的林荫路，路边散布着集市商店和纪念品商贩，以及让客人们在人造的或滑稽可笑的布景中摆好姿势的摄影师。正派的先生和穿着过于别致美式服装的夫人——条好牌子的裤子和牛仔毡帽——，身后跟着一群仰慕的孩子，孩子们还以为他们是过去的电影明星。[1]

---

1 这一次，自然有人指责三岛贬低了这一背景。乍一看，确实，这一背景是不合时宜的，但在我看来，它至少保留了沙滩、古松和地平线处的富士山的某种几乎永恒的美。

次日他们来到一片海滨区，这里致力于发展在塑料棚罩下大规模的草莓生产。在那里，本多完成他的倒数第二次象征性的攀登，这次攀登是适合于他老人的腿脚的。在被近乎险恶的浪潮带来的垃圾污染了的海岸边，建有一座瞭望塔，从那里人们可以打电话通知港口管理处在远海处发现的船只的抵达、名字、大概的吨位和国籍。非常年轻的公务员用望远镜瞄准靠近岸边的货船并向其发出信号。这是一个刚从中学毕业的少年，一个失去父母的孤儿，专心的劳动者，双眼精明而冷酷，但是在他的脸上，本多看到月光公主难以捉摸的笑容，几乎难以察觉地一闪而过，其中回忆的成分多于现实。然而，这次老人的直觉背叛了他。本多在无意识中**想让**奇迹再现，再者，当事人模糊的目的，与过去纯粹出于感情而追寻的目标相交杂，线索因此变得更加复杂。因为他财力无边，所以办事员不停地建议他不要把选择继承人的事情拖得太久。那么，为什么不选择这个守纪、勤奋，又根本没有家人的男孩呢？

在喝威士忌的时候，他把他的决定告诉了大呼小叫的庆子，她试图让他相信这是迅速被年轻男孩引诱的老人突然的愿望，或是纯粹简单的突发奇想。为了向她证实并非如此，他缓慢地，笨拙地，在她面前展开了这块由梦幻与事实织就的布匹，这些事实又与某种程度上构成他的生命的隐秘背面的梦幻联系在一起。庆子枉被称作是最物质化和最缺乏想象力的女人，这段叙述中的某些东西战胜了她的怀疑，或者至少第一次在其他层面上、以另一种角度，向她展示了她年老的朋友过去的生活（甚至也许是所有人的生活）。同样，无形的现实似乎第一次具有了某种意义，尽管它是如此的荒谬和疯狂。私人侦探的调查证明了把时间都花在工作和阅读上的年轻人的完美的正直、端正的品行和良好的学习成绩；我们甚至为他也许出于善心奉献给一个同龄女孩的时间而感动不已，后者不止是半疯，而且她的丑陋让她成为村里人取笑的对象。阿透——说的就是他——被收养了，他注册为东京大学的学生，并冠上了养父的家族姓氏。本多第一次这么不谨慎，他甚至没有注意到一件事，就是只有几个邻居能证明男孩的出生日期，而这个日期是不确定的，同样不确定的还有月光公主的死亡日期。透过衬衫上的大缺口，本多认为在少年的肋侧发现了那三颗命中注定的美人痣，因此这个少年确定无疑是他生命中最后一个选择。

阿透是一头怪物，他非人的聪慧甚至让他更加畸形。机械化的社会制造出的这个机器人知道如何利用他的运气。他学习，但对此并没有真正的兴趣；他甚至接受了本多对他进行的礼仪教育，包括西餐餐桌礼仪。[1] 但是，老人只能激起他的反感、蔑视和憎恨。本多这边，他以冷静的明晰看透了阿透的目的，但此后他已没有力量去改正他做过的事了。在横滨一次散步的过程中，阿透很想推倒在码头最边上站立不稳的老人；他只是出于谨慎才没有这样做。他粗暴地奸污家里的女仆；他砍倒那些给本多带来乐趣的美丽小灌木；他泄露家庭教师的政治秘密，后者是个共产主义

1 奇怪的是，我们注意到，在生命的最后时光里，三岛带着他的妻子和年轻的同伴森田，在东京的餐馆共进晚餐，以教给森田西餐餐桌礼仪，后者与他定下了死亡契约，并在几个月后履行了诺言。我们发现，此处的本多，在这一点上对阿透要求很严格。

者，如果知道他的观点，本多是不会把养子托付给他的。就像清显过去在与聪子相爱之前，为了抬高自己，写信向聪子叙述他并未经历过的风流韵事一样，阿透口授给可怜的疯女孩一封信，说本多布了一个局想让他们订婚，女孩抄写了这封信，并没考虑到信的内容会损害她的以及她所出身的无聊的法官家庭的名声。这种诡计在过去不乏雅致，但之后接踵而至的是纯粹的邪恶。当忧郁和孤独激起了本多身上朦胧的肉体需要时，在一次突然的搜捕中，年老的窥视者在一个公共公园里被逮住，阿透大肆宣扬这一丑闻，并利用这次机会要求得到衰弱的老人的监护权。

一个想法有时会穿过本多的脑海：这个辉煌门第的三个成员都在年轻时就去世了；如果阿透是这个链条上的一环，他可能也将如此。这个奇怪的念头，也许来自日本流行的迷信思想，它让本多具有耐心，但是在阿透身上，没有一丁点迹象显示他将在二十岁上去世。确实，本多错了。“星辰的运行离他太远了。某种微乎其微的计算误差，将月光公主和本多置于了茫茫宇宙的两极。三代转世者穷尽了本多一生的时间

（这也是一种闻所未闻的运气），他们在他的路上撒下光芒后，现在忽然曳着光芒飞向了未知的天空一隅。也许，某一天，在某地，本多会遇到第一百次、第一万次、第一亿次转世。”我们看到，本多已经游离于时间之外；世代繁衍和世纪不再重要了。最后的解脱已经近在眼前。

让本多立即获得解脱的，是庆子的一个决定的结果。就像《宴后》的阿胜用自己的金钱和力量支持她下嫁的政客野口；就像《春雪》的聪子选择隐世这种极端的方式，并因此导致清显的死亡；就像萨德侯爵夫人，在同名剧作中，以拒绝与丈夫再会的方式拉下了这部令人难以忍受的戏剧的大幕，庆子这个不道德却明智的上流社会女士，是一尊**解围之神**。应该注意到三岛作品中对这种既有远见又有力量的女人的偏爱。庆子借口将举办一场盛大的圣诞晚宴，并且届时她将邀请东京的精英，于是她面对面地单独接待阿透，后者让人给他做了一件这种场合穿的长礼服。两人在庆子挂着奥比松壁毯的奢华餐厅中享用美式的圣诞晚餐；身着炫目和服的老妇和裹着过窄西服的青年，分享着这些买来的外国冷冻食品或罐头，这些食品是对他们来说算不上节日的礼拜日的象征，在晚餐后，庆子向阿透讲述了他所不知道的本多的生活，尤其是本多选择他的理由。

阿透似乎对这一奇异的幻景漠不关心。但相反，他对此非常震惊。他原本认为确信的一切——他被收养的原因是他真正的或虚假的品质，他操纵形势的力量等——像一座卡片城堡一样，突然倒下压在他身上。他要求得到证据：庆子建议他去让本多把清显的梦日记借给他，在那里许多小插曲和大事件都有记述，一开始这些事件是未来的，之后变成了现在，接着又成了过去，但并未因此脱离与梦的相似关系。阿透烧掉了日记，“因为，他，从不做梦”，然后当场就试图自杀。

在写下这些内容时，三岛正在细致地准备两三个月之后自己的切腹仪式。对于这样一个男人来说，阿透失败的自杀，也许是他能让人物遭受的最糟糕的不幸。在向我们描绘饭沼时，三岛就已经证明了他对于意志不坚定的自杀者的厌恶，饭沼在狂饮了本多的威士忌后，曾向后者展示他的白色胸毛下，在儿子死后他自己割下的刀伤疤痕，还不停地为自己放弃自杀的行为开脱。然而读者可能会自问，是否相反，在阿透身上，没能通过自己的方式成为他所希望的野心家。这种悔恨驱动的自杀企图，是否只是这个卑贱的青年属于这个完美的谱系的唯一凭证，本多也曾认为他是这条谱系的最后一个代表。三岛拒绝赋予他这种特权，就像他拒绝让他以有男子气概的方法用刀锋来结束生命一样。阿透试着喝下去的硝酸没有杀死他；但挥发的气体让他失明了，这是显而易见的象征手法。从此，本多重新成为他的住宅和生命的主人。阿透，相反，不能再追求享乐、金钱和成功，又因失明而失去了害人的能力，他仍然留在那里，幽居在他不再想走出的阁子里。在那里，他唯一的伴侣就是相貌丑陋但傻里傻气地确信自己很漂亮的疯女人，他支配一个人的欲望，过去曾让他为她提供过保护。另外，这头雌兽变胖了，怀孕让她更加臃肿。腐朽的天使不修边幅，拒绝更换织物和衣服，炎热的夏日，在散发着汗臭和枯萎花朵气息的房间里，整日躺在疯女人身边。

本多来看了这对男女最后一眼，他带着苦涩的愉悦想到，属于他这个理智的聪明人的财富，终有一天会转交给这些傻瓜。

八十多岁的本多生病了：检查显示他患了癌症。但他还有最后一个愿望：再见聪子一面，在六十年前，那个年轻的女人与清显在海滩上度过一夜后，他曾与她分享了在回程的小汽车里的私密时光，那时，聪子边悄悄地倒出鞋里的沙子，边同他谈起了她的爱情。聪子现在已经是她过去穿上法衣的那座寺院的住持了；本多决定用他最后的力气前往那里。本多下榻在京都的一家旅馆，乘车前往奈良的途中，他看到了麇集的廉价房屋，破坏了古老纯净的风景的电视天线塔，加油站和报废汽车处理厂，冰淇淋和可口可乐零售店，还有被阳光吞噬的小工厂旁边的公共汽车站。然后，在奈良这个受到保护的地方，他有一瞬间重新找到了日本过去的温柔甜美。尽管现在公路几乎一直通到山顶，他还是让车子停在了山脚下。这将是他最后一次的攀登。尽管身后跟随的司机投来反对的目光，老人仍走上了柳杉夹道的崎岖小径，阳光的白色光带和树干投射下的阴翳的黑色长条，在地面上划出了道道条纹。每经过一条长椅，他便任由自己坐下，精疲力竭。但有什么东西在对他说，这个炎热的午后不仅适合重新体验他过去为了清显在雪中进行的攀登，更要再次进行清显自己耗尽力气反复几次的攀登。在寺院受到了和善礼貌的接待后，八十多岁的聪子很快出现在他面前，尽管有像被清洗过一样洁净的皱纹，她依旧年轻得让人惊异。"这正是她过去的那张脸，但是面部已经完成了从阳光来到树荫之下的光亮的变化。本多在此间经历的六十年，对于她来说，只是走过明暗交替的庭院的片刻。"

他鼓足勇气，向她提起清显，但住持似乎并不知道这个名字。她聋了吗？[1] 不，她反复解释她并不认

---

1 三岛的一个欧洲朋友向我保证说，作家在去世前不久，带他到奈良附近拜访了一座尼姑庵里八十多岁的住持，而她确实有很严重的重听症。这明显是错误的。这位住持现在仍然活着并且管理着尼姑庵，在三岛为了了解寺院生活而数次拜访她的时候，她也就刚刚五十多岁，三岛正是让聪子在这个寺院中弃世而居，本多最后的启示也是在这里。住持很有活力，也没有任何残疾之处，她几乎只是像聪子一样，"从阳光走到树荫下"。我修正而不是删去这条注释，是为了再次证明传说的多样性。

识松枝清显。本多指责她的这一否认近乎虚伪。

“不，本多先生，在俗世受到的恩惠我一件也没有忘记。只是，的确没有听说过这位松枝清显。恐怕根本就没有这个人吧？您倒像是觉得有，而实际上则莫须有——事情会不会是这样的呢？听了您的这些话，我总有这么一种感觉。”

“可我是怎么认识您的？再说，绫仓家和松枝家的家谱也应该还有吧？户籍总还查得到吧？”

“这些来龙去脉，固然能理清‘另一个世界’中的所有问题。不过，本多先生，您真的在这世上见到过清显这个人吗？而且，我和您过去的的确确在这世上见过面吗？您现在可以断言吗？”

“的确记得六十年前来过这里。”

“记忆这玩意儿嘛，原本就和变形眼镜差不多，既可以看取远处不可能看到的东西，又可以把它拉得近在眼前。”

“可是，假如清显压根儿就不存在，那么，勋不存在，月光公主也不存在。谁知道呢？也许这个我也没有存在过。”

“那也是因心而异罢了。”住持说道。

在让他离开前，住持领着老人来到了阳光炙烤的寺院内庭，墙壁只圈住一方绝妙的青空。这就是《丰饶之海》的结局。

对我们来说，重要的是看看才华横溢的三岛，被捧红的三岛，或者又回到老问题上，因挑衅和成功而被厌恶的三岛，经过怎样的历程，渐渐地转变成了下定决心赴死之人。事实上，这一研究部分地看是无意义的：在对生具有强烈渴望的人身上，常常能发现对死的兴趣；从最早的作品开始，我们就在他身上发现了这种迹象。尤其重要的是，圈出他考虑某种类型的死亡，像我们在这篇评论开头所说的那样，并把它差不多完全打造成他的杰作的时刻。

我们来提前研究一下他在1959年的失落，那时是第一次，一本他寄予厚望的小说《镜子之家》经受失败，但是对一个作品和计划都如此丰富的作家来说，这显得无关紧要。之后，远在我们关心的问题之后，确切地说，是在他死前一年，人们引证了一件事，即三岛看到他期待的诺贝尔奖，授予他的朋友和老师、伟大的年老作家川端康成时的失望，后者完全致力于以一种雅致的印象主义描绘保留着旧日痕迹的日本。对于一个几乎天真地渴望来自外国的荣誉的人来说，这种反应是可以理解的，尤其是不久以后即将赴死的决定完全剥夺他获得同类荣誉的机会，但这种遗憾肯定只占据了这个人最表面的部分；据我们所知，他马上去向年事已高的老师表达了他的祝贺和敬意，而后者也认为，当时快要完成的《丰饶之海》是一部杰作。

他的生活遭遇到其他的挫折：某次在纽约的逗留，另一次是在巴黎，以及在此期间的金钱和事业的烦扰，几乎致命的孤独的夜晚，这是他处于最低潮的时期。当时，他在日本有一副明星的姿态，在国外却几乎没人认识他，加之在东京时受到热情招待的客人们在他们的国家却对他保持距离[1]，这些事使情况更

1 也许最好忽略附庸风雅的指责，每当一个外国人遇见了一个他通过书本认识的大人物时都会感到很开心，后者让他兴奋或让他感兴趣，就像一个著名的景点一样。“多么装模作样啊！他喜欢跟罗斯柴尔德家族的人共进晚餐……”这样的一句话让我们相信，罗斯柴尔德家族的人们曾经聚在一起接待三岛共同进餐。在这种情况下，出席的应该是菲力浦，伊莉莎白一世时期诗人的精妙翻译家，和他美国血统的妻子葆琳，作家在东京接待过他们，在法国他只能乐于经常拜访他们。

加恶化。在一个我们对其风俗和语言知之甚少的国家，所有游客在神经难以忍受的一天之后，都有可能写下某种供认，描述面对生活的复杂情况完全陷入的混乱状态；然而这揭示了，在这个想让自己变得强壮的男人身上，还存在着因敏感造成的活生生的伤口。我们也不知道他的婚姻，不管好坏，带来了怎样的复杂性。有人说三岛在自杀的前夜烧掉他的私密日记——这是常见的忧虑，但对于日常生活没有多大影响：不管有没有日记，生活都在继续。无论如何，我们知道的一点东西显示，从社会和上流社会的角度来看，三岛赋予了他的妻子比六十年代大多数日本知识分子的妻子更重要的地位；我们也意识到，他知道如何安排他的生活作息来保护自己作为作家和人的自由。但是，在妻子和母亲之间似乎一直在进行着一场夺取优势地位的无声斗争，直至最终。在《宴后》中，可以辨认出其身影的一个政客发起的一场诽谤诉讼，来自极右势力的抨击和死亡威胁（当涉及的是这位错误地或有理由被认为是“法西斯主义者”的作家时，这一点真是让人发笑），一本可以说是色情的、大部分照片都非常漂亮的摄影集，以及总是惦记着“拍电影”的作家在一部蹩脚的美国影片中，作为业余爱好者扮演了一个匪徒角色这件事引起的小丑闻；一次涉及个人的、似乎让他感到无聊而非不堪忍受的敲诈尝试，如果其他人已经论及过此，那么所有这些都不值得我们讨论。

然而，厌恶和空虚的程度却在上升，这是一种还未达到住持的花园中完美的空的空虚，是所有生命的空虚，无论这生命是失败或是成功，或者两者皆有。作家的活力并没有减少：在那几年里作品奔涌而至，从最好的到最糟的。从此之后，所有耐力和竞技的壮举都吸引着他，不管人们说什么，这并不是出于耸人听闻的目的，而是他了解内脏和肌肉的步骤。“肌肉的训练解明了字词创造的神秘”，他在《太阳与铁》这本 1967 年创作的几近谵妄的散文中写道。（他在后面又明确指出：“一种对语言盲目病态的迷信”，其实这对所有文人来说都是一种危险。）身体训练，“恰似人们了解性爱的意味”，成为通向断断续续领会的精神认识的途径，但是用抽象的词语进行思考的某种无能，迫使他只能用符号来解释。“甚至连肌肉都不再存在了。我好像处在透明的亮光似的力量的感觉之中。”进行达到这种境界的训练的原因非常简单，有一次，三岛简单地表述道：“肉体的训练对我的生存来说变得如此必要，在某种意义上，这与一个直到此刻只把肉体作为生存手段的人，面临青春的终了，开始疯狂地试图习得知性教养的那种激情差不多。”渐渐地，他观察到，身体在竞技训练的过程中，“可以达到更高程度的知性化，并获得一种与思想的亲密性，比精神与之的亲密性更紧密”。在此不可能不联想到炼金术智慧的要求，它同样将生理学置于知识的核心地位——ού μαθεîν, άλλα παθεîν[1]：不学习，但承受。或者，用一个近似的拉丁文表达法表示：*Non cogitat qui non experitur*[2]。（没有体验，

1　希腊文原文为 *Ou mathein*，*alla pathein*。

2　《哈德良回忆录》（在三岛接受一个法国记者进行的最后几次访谈中的一次，三岛曾说很欣赏这本书）的作者，难以不想到某些涉及她自己的方法，但借皇帝的口说出的思考：“一切，归根结蒂，都取决于精神的决定，但是这种决心是缓慢的，几乎难以察觉的，并且**会带动身躯的配合**……”

则没有思考。）但是，即使在这些只有现代技术才可能实现的探索的中心，神话又从最古老的人类底质中突然出现，并且为了表达这些神话，词语又一次变成必需。他曾以抒情的方式描述过一架 F-104 战斗机的特技飞行，在这架战斗机内，跳伞员思忖着他将终于可以了解精虫在射精时刻的感受，由此证实了在这么多的墙壁上划出如此多的粗糙雕刻和通俗语言的形式，对他来说所有强有力的机械都如同阴茎。另一幅图景提取自跳伞员从一座塔顶冲下的经验，类似于浪漫主义神奇的故事："我看到我的周围，在夏季这个晴朗的天气里，人们的影子坚定地在脚边显现并紧紧依附其上。从金属塔顶端跳下，我意识到，一瞬间后我将投射在地上的影子将是一个孤立的点，不与我的身体相连。在这一刻，我摆脱了我的影子……"这是一只鸟可能体会到的感觉，如果它知道跟随着它的飞行的点是它的影子的话。宇航员的降压舱揭示了**知道**人暴露在什么情况下的头脑，和不知道这种情况的身体之间的矛盾，但最终焦虑会征服精神本身。"我的精神经历了恐慌和不安。但它从未经历过某种本质性要素的缺失，肉体通常在它没有提出要求的时候就给它补充上了这种要素……（高度差不多有）四万一千英尺，四万两千英尺，四万三千英尺，我感到死亡就贴在我的嘴唇上。一种柔软、温热、像章鱼一样的死亡……我的头脑并未忘记，这种实验不会杀死我，但这种无机的运动让我瞥见了从各个地方包围着地球的死亡是什么样的姿影。”《太阳与铁》结束了，所有矛盾的化解都是通过世界上也许最古老的意象达成的，即一条蛇盘绕在地球周围，有人说，这条蛇既是中国绘画中的龙云，也是古代的秘术文献中首尾相接的蛇。

在《奔马》中，勋在他的诉讼案过程中引用了哲学家王阳明的理论，在这一点上三岛把王阳明的学说化为己用：“知而不行，只是未知。”事实上，这种近乎密教式的寻求躲藏在令人惊慌或令人不快的底片后。在那些照片上，赤裸着胸膛、头上绑着传统额带的三岛，挥动着剑道的竹剑，或用终有一日将插入他的脏腑的匕首指向自己的腹部，这种寻求不可避免也不可挽回地导向了行动，这既证明了其效力，也证明了其危险。但是，是怎么样的行动呢？最纯粹的行动，即智者专心于空的静修的行动，此“空”也是未显现的满，本多将其理解为一方极端湛蓝的天空，这种行动也许需要长达几个世纪的耐心修行。若非如此，也需对一项事业无私的奉献精神，假设我们可以相信一项事业，或者表现得像是相信的样子。我们将有机会进一步分析这一点。至于那些更常见的可以消耗纯粹的精力的形式，三岛也很了解，并且，更有甚者，他描写了其大部分的形式。金钱和表面的威望，只是让本多成了具有破坏性的神灵们牙缝间的一根“可悲的稻草”。成功像天使一样，也会腐朽。荒淫，是一个被超越的阶段，如果我们承认这个自控力很好的男人从未完全陷入其中的话。对爱情的追寻与对绝对的追寻擦肩而过：《爱的饥渴》的女主人公杀了人，清显死了，但根据我们敢于评论的那些东西来说，爱情对三岛来说似乎极少发挥主要的作用。艺术，在此处确切地说是写作的艺术，看起来应该为了自身的利益消耗掉一部分这种绝对的精力，但“词语”失去了味道，并且他可能也知道，全身心地致力于写书的人并不能写出好书。政治，及其野心、妥协、谎言、卑鄙，或以国家利益为托词多多少少掩盖起来的罪行，也许确实是这些可能的行为中最令人失望的：然而，三岛最后的行动和他的死亡却是“政治化”的。

正是在这种低俗的面貌下，作家从 1960 年起已经在《宴后》的选举交易中，不无放肆地看到这一点。之后，更伤感地，在他最著名的剧作中的一部——《十日菊》[1] 里，年老的森，过去的财政部长，秩序和政府的忠实服务者，对试图谋杀他的年轻的理想主义者们产生了同情。从相反的角度看，我们在此处又看到了决心与大联合企业主及其国家干涉主义的支持者共同赴死的年轻的勋。在《喜悦之琴》中，侦探情节的描写更加尖锐，剧作中推测由左派引起的骚乱其实是职业破坏分子的杰作，唯一一个像在幻觉中听到日本琵琶的精妙之声的人，也是唯一一个拥有纯洁之心的人。尽管其色情的抒情让人不

1 菊花节在九月九日举行。因此，第十日的菊花让人感觉象征着迟来的无用之物。

快，《我的朋友希特勒》带着更冷酷的清醒在作者死前一年多面世，在书中，“我的朋友希特勒”这一表达方式，被讽刺性地置于罗姆（Roehm）的唇上，而后者即将被处决[1]。这些剧作没有一部是确实带有倾向性的，就像《洛朗扎奇奥》并不是针对美第奇家族的攻击一样。重要的是生活本身，及其日复一日的常规，或者是生活已经被觉察并修正的错误。在《奔马》中，年轻的勋在激烈地死去前不久，自问“他还有多少时间来了解吃饭这种有点肮脏的愉悦”。作者用一种几乎让人难以招架的现实主义手法，作出另一个蔑视的评语，关系到人们在衣物的掩盖下带着到处行走的性器官。存在不再被感知为其他东西，它只是一件无聊的、有点变形的玩具。

---

1 不消说，题目本身就带有挑衅性，更何况三岛把讽刺推向了显而易见的程度。他让人在节目单上印上了如下表述：“向这个危险的英雄，希特勒，致以可憎的敬意，危险的空想理论家三岛敬上。”其文本徒然结束于正确得令人发指的一句话：“希特勒是一个阴暗的人物，就像二十世纪是一个阴暗的世纪。”这只是更加增强了虚张声势的印象，况且我们还记得，太平洋战争中的日本是纳粹希特勒的同盟国，但日本不大喜欢我们提起这一点。

然而，由于对当时政治的混乱状况的厌恶，并且，不要忘记，由于日本通过条约与过去的敌人联系在一起的特殊形势，一个党徒诞生了。谈论法西斯主义，就像那些既喜欢贬低又喜欢简化的批评家做的那样，就是忘记了在西方，法西斯主义者最初主要是一个地中海地区的事物和词汇，指的是一个大或小资产阶级的成员，抨击他认为属于左派侵略的行为，并以工业或大财团，以及现在在那里依然存在的大地产所有者为依靠；沙文主义和帝国主义很快开始发挥作用，不管是为了集结人群，为了给大型企业提供更大的地块，还是后来为了支持一个挥动手臂的独裁政权。纳粹主义是德国的现象，从一开始就是黑暗的，带有下流的种族主义的因素；即使钳子的两个钳片最终还是咬合到一起，纳粹主义因其强迫症一样的特征，还是有别于最重实用的法西斯主义，但后者曾为其提供了范例。但三岛的轴心有点不同。

在他的国家战败（我们已经看到，他多次否认战败对他青少年时期的任何影响）之前、之时或之后发生的事件——被攻克的岛屿上的大屠杀或士兵和市民的集体自杀，他曾顺便提起的广岛，在《假面的告白》中像描写一场可怕的风暴或地震景象一样描写到的东京大轰炸，总是极不公正地贯彻“胜者即正义”原则的政治诉讼——一切的发生，就好像是一个二十岁的年轻人的智力和清醒的敏感性没有感受到或者拒绝这些事件所带来的冲击。神风连把他们没有安装起落架的飞机瞄准敌舰的烟囱和机房，他们的牺牲，在他那个时代好像几乎没有感动那个被淘汰后跳着舞步从征兵办公室走出来的三岛，爱国的父亲陪伴在他身边，其步伐也一样雀跃。天皇宣布放弃其作为太阳帝国的代表身份的广播演讲同样如此，但这对于日本民众来说，其震撼不亚于教皇放弃其必然性并不再自视为上帝的代理人的演讲在天主教教徒中产生的效果。结束战争的强大需求，缓和了战争对年轻作家的冲击，对日本群众来说亦是如此。

直到 1966 年，在他最早的一部明显政治化的作品《英灵之声》中，三岛才发觉，或者至少是高调宣称，从古代日本的观点，即从神风连的观点看来，他们的死毫无意义，因为天皇放弃其作为神的象征的地位，这件事去除了这些壮烈的死亡的所有意义。“勇敢的士兵们死了，因为神命令他们去战斗，而在不到六个月之后，这场野蛮的战争就突然终止了，因为神命令停火。但天皇陛下宣布：‘其实，我自己也是一个人。’这是在我们像手榴弹一样冲向敌舰侧翼之后还不到一年的时候，这一切都是为了天皇，他是神啊！为什么天皇变成了人？”这首诗——因为这个散文片段是一首诗——同时激怒了左派和极右派，后者因为有人批评天皇而愤慨。在另一首同时期的诗中，三岛揭露了他那个时代“饱食”的日本，并发现自从日本的古代准则遭到背弃后，“甚至快乐也失了滋味”“纯洁在市场待价而沽”。我们生命的伟大之声，在到达我们这里之前，通常要穿过一片静默的地带。对于面对时代的懦弱而极度激动的作家来说，神风连的这些至多只有二十岁的年轻的声音，在此间变成了蒙泰朗曾称之为“另一个世界的声音”之物。

美军的占领及其一长串把日本约束在美国影响辐射区内的条约，似乎也是滞后了一段时间才对三岛产生影响。我们看到，在《禁色》中，只是在介绍几个荒淫的傀儡时才提到美军占领时期；《金阁寺》也只是通过一个确实具有毁灭性的场景对此有所表现，即身穿制服的烂醉的高大美国兵，强迫受到惊吓的小僧踩踏一个女孩的腹部，并为此给了他两条香烟。但一个处于有利形势的业余小说家在选择这一事件时，应该是不带有仇外偏见的。在 1952 年的《晓寺》中，占领这一事实本身是作为背景处理的，但非常显眼的是，那些知道如何下手的人，尤其是女人，从中牟取的小利益；烟花女们冷笑着，因为她们看见，污浊的下田河流经充斥着享乐和商业的现代东京，穿过它的一条水渠，在一家美国医院的花园里，在朝鲜战争中跛了脚的或残疾的人坐在长椅上休息。

这一次，仅仅从政治的角度，让我们回过头来思考一下三岛第一本以抗议者为中心的小说《奔马》，它处在 1932 年日本通货膨胀、农民赤贫以及真实的政治骚乱和暗杀事件等大背景中。对于那一年的动乱，六岁的三岛感知甚少，至于 1936 年失败的政变，《忧国》这部令人赞赏的电影即来自这个事件，这些事件也许正是为了储存起来备用，以便在四十岁时从男人意识的最深处浮上表面。《奔马》中，勋在一个空军飞行员的帮助下，预谋轰炸东京的战略要地，后来他放弃了这一设想，转而实行另一个稍稍不那么危险的计划，即发表宣言揭露服从于商人的内阁的腐败行为，并承诺在天皇的直接命令下，立即用另一个内阁替换掉现有内阁。行动还包括要以恐怖主义的手段占领发电厂和日本银行，以及最高目标，即暗杀财阀界最有影响力的十二人。计划失败后，他满足于在自己死前只杀死了其中一人，即年老的藏原，这是一个容易流泪的多愁善感的老好人，他还藏起了一只可怕的猞猁。这些计划和这项罪行都是勋制定和犯下的，无疑，他是一个真正的恐怖主义者，但他与西方的法西斯主义者相差十万八千里，我们从未看到过后者杀死一个银行家。

开篇就是一个三岛式的场景，以既乏味又刺耳的讽刺，向我们展示了财阀界最重要的人物的面貌，他们受到其中一人的邀请来参加晚宴，长得像暗杀者一样滑稽可笑的保镖把他们夹在中间，保镖们在隔壁的一个房间吃晚餐。与夫人们乏味的交谈相呼应，了解局势的男士们继续进行着具有典型性的交谈，他们认为通货膨胀是必不可少又灵活便捷的手段（“这很简单，只要把钱投在食品或原材料上就行”），并评论说，陷入饥饿或征用泥潭的农民阶级的悲剧，是应该接受的历史边缘事件之一。一个年轻的子爵还保留着些许同情心，也许因为他还未曾被分配任何职位，他提到一个应征入伍者的父亲寄来的一封信，信中说明，尽管对一个好儿子提出这样一个愿望让这位父亲感到非常悲伤，但他还是希望这个儿子尽可能早地战死在荣耀的战场上，因为在村子贫困萧条的现况下，他在父亲的农场里只能是一张吃闲饭的嘴。有几个人对此有些伤心，年轻的理想主义者因为他自己的大胆而马上得到拥抱，但有人提醒他注意，大的政策是不会理会这些个例的。在参加晚宴的人中，有几个是四部曲开卷时就存在的头衔贵族和金钱贵族。松枝侯爵，也就是清显的父亲，尽管他在国会中占据一席之地，但他还不够重要，乃至于警察并未给他提供保镖保护，这让他的脸直发红。

同样的对“统治阶级”的描写，同样的恐怖主义计划，也很有可能出自一位极左作家之手，三岛并未忽视这一点。[1] 1969 年前他就不无勇气地（因为左右两派都实行恐怖主义）接受了与东京大学强大的左派学生团体进行一场公开辩论的邀请。总之，这是一场有礼貌的辩论，没有欧洲右派和左派面对面时经常出现的迟钝不解这类特点。在辩论后，三岛出于礼貌，把他作为报告人的酬金寄给了党派的出纳处，这不禁让人联想到剑道运动员在对阵后互相致敬的行为。从三岛的美国传记作家之一亨利·斯考特-斯托克斯那里，我借用作家在这次辩论后向他作出的几点评论：“我发现，我与他们有很多共同点，例如严密的思想体系和对身体的暴力行为的爱好。他们和

1　把《奔马》与年轻的共产主义作家、1933 年死于警察之手的小林多喜二的两部作品《蟹工船》和《在外地主》作一个比较是很有趣的，这两部作品的出发点也是农村地区的贫困和饥荒状况。深泽七郎的《楢山节考》（1958）也是描写饥饿的一首伟大的诗。

1969 年，三岛由纪夫回到母校东京大学，与左翼学生进行了一场辩论。

我，我们代表了日本一个新的种群。我们是被尖刺分隔开的朋友；我们对彼此微笑，却不能互相拥抱。我们的目标相似；在桌上我们有着一样的牌面，但我有他们没有的王牌：天皇。”

天皇……*Tenno Heïka Banzai*！（天皇陛下万岁！）是垂死的三岛和随他一起赴死的同伴最后的呼喊。裕仁天皇忠实于受限的形势赋予他的角色，他是一个才能相当平庸的领导人（在他的统治期间，也许是在周围人的推动下，他颁布了两项三岛只能提出反对的决议，即 1936 年粉碎政府的军事力量，和放弃他作为太阳神的代表地位），这对三岛来说并不重要。同样，对于一个教皇权力热情的拥护者来说，他那个时代的高级神职人员平庸与否并不重要。事实上，除了在神话时代外，天皇在日本几乎从未手握重权。平安时代的天皇，受制于出身两个对立集团的大臣们，都是在年轻时即禅让，通常会留下一个年幼的继承人，以保证真正的统治者获得所有摄政的好处。后来，很早就开始为现代日本未雨绸缪的军事独裁者——将军，先是在镰仓，然后在江户（今天的东京）进行统治，身边围绕着一个宫廷，野心家和聪明人对此趋之若鹜，而天皇和他的宫廷却在京都过着威望加身的生活，但仅限于参加文化和仪式活动。最后，离我们的时代更近，1867 年定居东京的明治天皇的统治力有所增强，但也要服从于现代化、工业化、议会制这些几乎不能抵抗的力量，服从于对外国的模仿，年轻的勋如此尊敬的武士抗议团体 1877 年就曾揭露过这种行为。（当我们想到在不到一个世纪的冒险中，“进步”给日本带来的东西，我们就不想再嘲笑这些武士了，他们出于对来自外国的现代化的仇恨而离群索居，在电报线路下经过时，还要打开铁扇保护自己。）天皇是蝼蚁小民和被压迫者的保护人，恢复他实际的和神话的帝王地位，在日本是因世界形势而痛苦的理想主义者们经常提出的一个“大计划”，即使为了完成这一计划，他们需要正视“帝制”这件事。勋曾凝视着黯淡的落日，对他的党派伙伴们说：“在夕阳中可以看见陛下的脸。但陛下的脸是模糊的……”从他对天皇的忠心来讲，这个皇道派属于右派，但从他与被压迫的饥饿农民的联系来讲，他又属于左派。在狱中，他因为比那些挨揍的共产主义者得到更好的待遇而感到羞耻。

正是在结束《奔马》的期间，从此被他称之为行动的河流所裹挟的三岛，建立了盾会（Tatenokai），一个由一百多人组成的团体，人数据说是他确定的，他还为这些人的军事训练提供资金。这种类型的民兵总是具有危险性，并且几乎在所有受条约限制而保持单薄兵力、追随并受制于过去敌国的政治的国家，都必然会出现。盾会只是在富士山下驻扎的常规军团的保护下，局限于进行这些三岛本人也会参加的战斗训练吗？这枚盾（以英文字母缩写 S. S. 来指称盾会，Shield Society，并没有引起三岛的反感，尽管他并未忽视，这样的做法会让人想起那些残忍的前人），我们知道，在这个组织首领的思想中，是“天皇之盾”。在许多秘密社团中，明确的目标（在与我们有关的例子中，除了那些在成人看来像是某种好战的童子军组织的目标以外），不仅对公众是不公开的，就算是组织成员，也许首领本身同样对此不甚明了：“盾会是一支处于储备状态的军队。我们不可能知道发挥作用的一天何时到来。也许这一天永远不会到来，也许相反就是明天。直到那天，我们要一直保持警醒状态。没有大街上的示威演习，没有标语，没有公众演说，没有使用莫洛托夫燃烧弹或石块的战争。直到最后、最糟的一刻前，我们都拒绝因行动而危害到自己。因为我们是世界上最弱小的军队，但从精神上来讲，我们是最强大的。”然而，这种精神也只是以三岛创作的某种爱国学生歌曲的形式平淡地表现出来，歌词证明了一个百余人的团体在何种程度上已经是一个准备好的群体，就像那些陈腔滥调的歌词一样。[1]

勋为自己寻找同谋发动政变，描写这些事件的男人在同一个时期没有考虑过类似的行动，这几乎是不可能的。然而， 1969 年 10 月，当新的日美条约获得

---

1 三岛的传记作者们经常使用的“帝国主义者”这个词，比“法西斯主义者”更容易把人们引向谬误。对满洲的战争如此漠不关心的勋，甚至是 1970 年 11 月 25 日发表宣言的三岛，确切地说都不是帝国主义者。他们是忠诚者和极右的民族主义者。如果复辟帝制和废除条约的梦想实现了，那么帝国主义重新登上舞台还是很有可能的，但这已经不是我们在此要考虑的问题了。

批准，但人们害怕的左派利用这个机会发动的大动乱并没有发生时（同样持反对态度的极右派也没有行动），盾会的少数几位高级领导聚集在东京一家旅馆里；森田，三岛的副官，也是一年后将成为三岛的死亡同伴的人，建议占领国会，就像他差不多与之同龄的勋本人做过的那样。三岛提出反对意见，认为这样必将失败。他利用了他自己对勋的灾难的描写。

盾会选择的戏剧性的制服很容易遭人嘲笑。一张照片显示，穿着双排扣上装、头戴有帽舌的大盖帽的三岛端坐着，身边围绕着同样装束的副官们。右边是森田，有些人说他是个傻瓜，另一些人又说他生来就是发号施令的，并且是团体中远超其他人的最出色的人物，他因青春的活力而显得俊美，面部光滑并且饱满，带有十七世纪亚洲人的某种青铜肤色；[1] 在他们身后的三个年轻人，有朝一日将成为自杀的见证者：他们是古贺、小川和小贺。这些年轻人（大多数盾会

1 在一张光着头的照片中，这种美尤其明显，就像有人说过的那样，照片上森田的脸与《假面的告白》中校园偶像近江的脸，不无相似之处。

三岛由纪夫与他的盾会成员

成员来自学生阶层）给人一种不成熟和虚弱的印象，但古贺一年后将会证明他熟练的剑术。尽管有着日本人的面貌，绷紧的制服还是让人想到德国和旧俄。但也许应该期待一个著名的剧作家、敏捷的行动者，或尽力想变成这种形象的人，身后拖着戏服和配饰的残片的样子，正像一个教授把他的学者风格带进政治行动中。

盾会在三岛死后马上解散了，根据他的命令，这并不必然证明盾会只是一个人造的、然后为了他个人的乐趣、出于一种表现癖或狂妄自大而被打碎的玩具。这聚在一起的一小撮人，在同时代人看来似乎是无意义的，不然就是平庸的、可笑的、微不足道的小人物，但我们现在是否还能这样作出这样的评价，这一点就不好说了。我们已经看到了太多例子，有多少自认为西方化或者正在经历西方化，并且表面上对此心满意足的国家，为我们准备了惊讶，而在每个例子中，起初遭到轻视或讽刺奚落的小团体，他们的行动又是怎样变成大骚乱。如果从未有一场民族反抗革命——即使是短暂的——在日本取得胜利，就像此时在某些伊斯兰国家发生的那样，那么盾会就将成为一个先驱团体。

四十三岁的三岛犯下的重大失误，就像二十岁的勋在1936年犯下的错误一样——后者更值得原谅——就是没有看到，即使陛下的脸再次在旭日中光辉四射，但这个“饱食”的、充斥着“变味”的快乐和“待价而沽”的纯洁的世界，还是依旧如故或者在重新成形。而同样的财阀界，也将用同一个名字或其他名称，重新占据优势地位，没有它一个现代政府将无法存在。在一个不仅仅是一个团体、一个党派或一个国家深受某种污染毒害，而是整个大地皆如此的时代，这些几近浅薄却总是值得反复强调的评论，从未如此恰当中肯。奇怪的是，作家在《丰饶之海》中如此精准地描写了一个也许正在走向不可回头的境地的日本，但他却认为一次暴力行为就能够让其改变一二。他周围的人，不管是日本人还是欧洲人，看起来似乎比我们更加无力评价促成他采取行动的绝望的深度。1970年8月，在三岛实现切腹的三个月前，他的英国传记作家听到其宣称日本正遭受着被诅咒的打击时感到非常震惊："金钱和物质主义大行其道；现代日本是丑陋的。"他说道。之后，他又借助了一个隐喻，"日本，"他继续说道，"是一条青色大蛇的牺牲品。我们逃不出那个诅咒。"记者兼传记作家接着说："我不知道如何来解释他的话。当他出去时，（我们中的一个人）说：'他的悲观主义又发作了；就是这么回事。'我们笑了起来，但我自己的笑只是挂在嘴边而已。一条青蛇：你们对此怎么想呢？"

这条青蛇，象征着变得无可挽回的"恶"，这显然就是在拂晓的苍白晨曦中显而易见，并从本多着火的别墅中逃逸而去的那条蛇。而此时幸存者们小心翼翼地坐在美式泳池的另一边，水面倒映着火势尚未被完全扑灭的废墟，他们嗅着因醉酒而没能逃脱的那对男女烧焦的气味，那个司机，仿佛什么事都没发生一样，下山到村子里找些东西作早餐。这也是那条咬了不坚贞的月光公主的脚的蛇，月光公主也正是因此而命丧黄泉。蛇的意象和邪恶相连，这几乎是和世界一样古老的隐喻。然而这个意象也许更多的是源自圣经，而非来自远东，那么我们自问，它是否来自三岛广泛阅读的欧洲文学作品深处。无论如何，从四部曲的第一卷开始，在那个表面看来相当简化的丢失祖母绿戒指的轶事中，宝石的绿色已经包含这个意象的映像。

三岛的传记作家之一曾经不辞辛劳地记下在本世纪前六十年里自杀而亡的十位声名卓著的日本作家的名字。在一个总是以自愿赴死为荣的国家，这个数字并不会让人震惊。但他们中的任何一人都不是以伟大的方式死去的。相反，三岛死于具有抗议和训诫性质的传统方式——切腹，即自己剖开腹部，当有第二个人在场且情况允许时，剖腹后要立即进行介错。（二十五年前，在战败的混乱中完成的最后的伟大自杀，是海军司令大西即神风连首领的死，陆军大臣阿南将军的死，以及投降后在皇宫门口或操练场上完成了切腹的二十几个军官的死，这些自杀似乎都没有助手在场，也没有最后慈悲的一击。）对切腹的描写自此之后侵袭了三岛的所有作品。《奔马》描写了 1877 年起义武士的集体自杀，武士们的冒险也鼓舞了勋。在被正规军打败后，八十名幸存者，有些在路上，其他人仍然在进行神道仪式的山顶，仪式性地剖开自己的腹部。有时，自杀是粗野的，就像那个在剖腹前大吃一顿的暴食的英雄一样，其他的一些自杀例子，由于有妻子们的在场，又是让人同情的，她们也下定必死的决心：这片让人难以置信的鲜血和内脏的瀑布让人恐惧，同时又像所有充满勇气的场景一样让人激动。这些男人在决定战斗之前举行了神道仪式，其纯粹的朴实中的某种东西，还在这个屠杀的场景中飘荡，循着叛乱者们的踪迹进行追踪的士兵们，尽量放缓上山的速度，这样就能留给前者足够的时间在平静中死去。

勋，至于他，他的自杀没有完全成功。他在匆忙之中差点被逮捕，也没能等到他经常梦到的那个高尚的时刻："日出时，坐在海边的一株松树下。"大海就在那里，在夜里显得浓黑异常，但没有一株守护他的松树矗立于此，重要的也不是等待日出。出于一种对身体痛苦的天生的直觉，——这在作者本人身上是如此的不可思议——三岛赋予了年轻的反抗者日出的替代品，但对于他来说这来得太晚了：匕首插进脏腑中时闪电般的痛楚与火球无异；疼痛在他身上四散开来，就像一轮红日的光线辐射在他身上一样。

在《晓寺》中，我们在一次动物献祭的形式里，发现了相当于传统切腹的最后一个动作的行为，也就是斩首。在加尔各答的破坏女神迦梨的神庙中，本多带着有节制的好奇心和厌恶，注视着祭司一下子就把一头小山羊的头砍了下来，一秒钟之前还在颤抖、抵抗、咩咩叫着的山羊，此后了无生气，突然转变成事物。先把《忧国》放在一边，我们还会再回来讨论它，还有其他对此常见的重复强调：剧场里，三岛在一出歌舞伎剧中扮演了一个自杀的武士角色；一部电影中，三岛承担的哑角角色也进行了同样的行为。最后，尤其是稍晚些时候在作者死后发表的最后一部摄影集《蔷薇刑》[1]，其作品没有第一部摄影集中的作

1　当我们知道三岛监制了邓南遮的《圣塞巴斯蒂安的殉难》的日语译本，并且促成这部剧在东京上演时，我们不禁思忖，这部对于舞台表现来说过长也过于抒情化的优秀剧作，其中皇帝打算让塞巴斯蒂安在一朵玫瑰下窒息而死的片段，是否给予了这个题目某种启发。

品那样色情，我们看到他在里面遭受了各种方式的死亡，在淤泥中窒息的确是一种象征；被一辆满载水泥的卡车碾压可能是另一个象征，或者多次完成的切腹，或者还有扮成身中数箭的圣塞巴斯蒂安这张确实非常著名的让人心碎的照片。我们可以选择在这些图像中看到表现癖和对死亡的病态执著，这确实也是一个西方人或者甚至一个今日的日本人最容易作出的解释，或者，正相反，我们可以把它看成是为了正视最后的终点而进行的有条不紊的准备工作，就像从武士精神中汲取灵感并且三岛曾经不止一次重读的十八世纪著名论著《叶隐》中所要求的那样：

“每朝每夕都决意待死，以便当死期将至，便可欣然赴死。不幸到来时，并没有那么可怕，我们不必畏惧……”

“每天早晨，安静身心之后，想象着自己也许因身中箭矢、被火枪击中、被刀剑砍中而身首异处或肢体不全，或者被卷入大浪、跳进大火、被雷电击中、大地在脚下震动、纵身跳入深渊，或病死、暴卒等。每朝悟死，死便无惧。”

如何熟悉死亡或死得其所的方法。蒙田的作品中也有相似的启示（我们在其中也发现了完全相反的内容），更奇怪的是，塞维涅夫人在考虑到她作为一个高尚的基督教徒恰当的死法时，也至少有一段话是论述此问题的，观点也不无共性。但这还是人文主义和基督教并没有考虑到它们的最后终结的时代。然而，此处所讨论的并不是坚定地等待死亡，而是把死亡想象成永恒运动的世界中形态无法预料的事件之一，而我们也是这个世界的一部分。身体，这副不停颤抖移动的“肉体屏障”，最终将会被撕裂成两半或被磨蚀得丝缕毕现，也许这是为了揭示本多在死前才太晚感受到的这种空。人分为两种：为了更好、更自由地活着而把死排除在思想之外的人，和那些正与之相反的人，他们在利用他们身体感觉或外部世界的偶然事件发出的每个信号中窥伺着死亡，因此才能更冷静、更强烈地感到自己活着。这两种精神不会互相混合。一些人称之为病态躁狂症的，对另外一些人来说，却是一种英勇的训练。这要留待读者来形成自己的观点。

《忧国》(*Yukoku*)，三岛创作的最引人注目的短篇作品之一，被改编拍成电影，在改造成1936年一个资产阶级家庭的简朴风格的能剧的布景中，作者导演、指导并出演了这部电影。这部电影比它浓缩而出的小说更优秀、更让人感到受创，电影中有两个人物：三岛自己扮演了武山中尉，一个非常漂亮的年轻女性则承担了妻子的角色。

这是右派军官们的起义被上面的命令镇压下来的那天晚上，起义者们将被就地处决。中尉属于起义者的团体，但在最后一刻，因为同情他作为新婚丈夫的处境，他们把他排除在行动之外。一切始于年轻妻子再日常不过的行为，她已经通过报纸得到了消息，知道丈夫不会愿意抛弃同伴苟活于世，于是决定与他一同赴死。她在他回来之前忙着仔细打包一些他珍视的小东西，并在包裹上写上了亲戚或过去同学的名字，包裹将寄给他们。中尉回来了。他的第一个动作是抖落大衣上的积雪；第二个动作，同样平淡无奇，是在门厅靠着墙，单腿站着有点摇摇晃晃地脱掉了靴子，就像我们在同样情况下会做的那样。除了非常短暂的一瞬间外，在整部剧里，作家演员没有一刻是在**表演**；他做了应该做的动作，仅此而已。我们在一方席子上，再次看到军官和妻子，他们面对面坐在装饰着空空墙壁的表意文字“**至诚**”二字下，我们不禁想到，这个词比“忧国”更适合作小说和电影的题目，因为中尉正是出于对同伴的忠诚、年轻妻子出于对丈夫的忠诚才赴死的，而爱国主义，确切地说，只有两个人在家里的神坛前为天皇进行短暂的祈祷时才体现出来，在起义被镇压后的这一情境下，这种行为也仍然是忠诚的一种表现。

中尉宣布了他的决定，年轻妻子也说了自己的决定，有那么一刻——这次三岛是在**表演**——男人用伤感、温柔的目光长久地注视着女人，整个画面都在展现他的双眼，而在临终的整个过程中，这双眼将一直被军装的帽檐遮住，有点像米开朗琪罗的一尊被头盔挡住眼睛的雕塑。但这种感动没有持续很久。因为没有助手进行仪式性的介错，他随后以动作向年轻的妻子演示怎样让匕首深深插入，他也将试图用这把匕首，以已经衰弱的力气刺穿自己的喉咙。[1] 之后，他们赤裸着，做爱。我们看不到男人的脸；女人的脸由于痛苦和欢乐而绷紧。但这丝毫没有色情电影的感觉：分割的图像展示了插入丛林一样茂密的头发中的手，这双在最后的准备过程中不时环绕着年轻的妻子的手，温柔的幽灵，让她想起了已逝之人；身体的几个部分不时出现又随后消失：男人的手掌来来回回地温柔抚摸着年轻妻子稍稍凹陷的腹部的一个位置，片刻后他就要刺入自己腹部的相应位置。他们重新穿上了衣服，她身着自杀时穿着的白色和服，他则是一身军服，又戴上了有檐的军帽。他们坐在一张矮桌前，挥毫泼墨写着传统的“道别诗”。

然后，恐怖的活计开始了。男人任由军服长裤沿着大腿滑落，用家务和卫生用途的粗陋的薄纸仔细地包住了军刀刀锋的四分之三，这样就能避免切割到操

1　三岛的传记作家之一，约翰·内森，认为中尉对妻子的态度是“不正常”的，因为他要求她见证他的死亡并帮助他实施慈悲的一击。一个斯多葛主义者根本想象不到这样的情况，蒙田倒有可能把丽子置于他的《三个好女人》的续篇中（《随笔》，第二卷，三十五章）。

纵利刃的手指。在最后的操作前，还剩下最后一次尝试：他用刀锋轻轻地刺了一下自己，鲜血迸溅，这是难以发觉的小血滴，与接下来要出现的血流不同，后者必然是用舞台手段仿制的，而此处确实是演员自己的血，“诗人之血”。妻子隐忍着泪水，看着他做这些，他看起来困囿于这些实践的细节，但是，就像我们所有人处于伟大时刻时一样，只有我们自己知道，这些细节无论如何都构成了命运的齿轮。堪比外科手术一样精准的下刀，稍显费力地切开了还在抵抗的腹部肌肉，然后为了完成这一切口，刀锋又转而向上。帽檐让视线无法触及这个匿名者，但他的嘴收缩了，内脏像受伤的斗牛一样流了一地，比这更动人的是，颤抖的手臂在极大的努力下抬起，寻找着脖颈的下部，插入了刀锋，年轻的妻子根据之前得到的命令让刀插得更深了一些。结束了：上半身轰然倒地。年轻的寡妇走到了隔壁的房间，庄重地修饰了一下自己像过去日本女人那样上了粉的妆面，然后回到了自杀的地方。白色和服的下摆和白色袜子浸在鲜血中；长长的衣尾在地上掠过，就像在用书法写着什么一样。她

《忧国》电影剧照

俯下身，擦拭男人唇边的血脓，之后非常快地，以一个模仿的动作——因为我们不能接连承受两次现实主义风格的死亡——用一把从袖子里抽出来的短匕首割了喉，就像过去日本女人学习的做法那样。女人斜向地倒在男人衰竭的躯体上。简朴的布景消失了。席子变成了一摊沙子或细砂砾，似乎还弄出褶皱，就像能剧里的一件外套一样，两个死者好似在木筏上随波逐流，漂向他们已经到达的永恒。只是，时不时地，作为这个冬夜里外部世界的体现，和过去的能剧中传统摆置方式的影射，我们在这出充满了勇气和鲜血的戏剧的简朴的小花园里，在一瞬间，会看见外面有一棵被雪覆盖的小松树。

这部电影在某种程度上构成一种预展，我之所以在此耽搁这么久，是因为把它与三岛自己的切腹作个比较，可以让我们更好地衡量艺术的完美和生活之间的距离，艺术在忽明忽暗的永恒之光中表现本质，而生活则带有不确定性、碌碌无为和让人难以应付的隔阂。这也许是由于我们不能在某一天、在需要的时刻，走进生灵的内心和事物的深处而造成的，但这种比较同样可以让我们更好地定义“活生生”的生活这种不可估量的奇异，我们也可以用一个已经陈旧的词来形容这种生活，即“存在的”。就像帕索里尼的《马太福音》中，奔向死亡的犹大已不再是人，而是一股旋风，三岛生命的最后时刻同样散发出纯能量的臭氧气味。

大概是在他生命结束两年前，生活一旦获得某种速度和某种节奏后，对于三岛来说，这种似乎总是自发的运气就出现了。一个新的人物登场了，时年二十一岁的森田，是在一所天主教学校受教育的外省人，俊美，稍显矮胖，与他不久后称之为先生（Sensei）——学生赋予老师的尊称——的人一样，内心燃烧着同一团忠诚之火。有人说，三岛对于政治冒险的兴趣，是随着年轻人的热情一同增长的；然而我们看到，在 1969 年的一次谋杀计划中，三岛阻止了他的小兄弟。我们宁愿相信，在两个人的切腹仪式中，某些让人不快的方面[1]，来自脑子里可能塞满了暴力电影和小说的较年轻者的想象，但三岛并不需要屈服于此。我们至多能够相信，最后（森田是盾会名单上的最后一个注册者）终于找到伙伴、也许也是他寻求的心腹之人后，三岛又恢复了冲劲。有人向我们证明，这个充满活力的年轻人是如此的吃苦耐劳，以至于拖着一条在运动事故中受伤并打了石膏的腿，马上就加入了盾会的训练中，并“像未婚妻一样到处跟随着三岛”，当我们想到订婚一词意味着立誓的行为，而没有比死亡的允诺更高程度的信守诺言时，这

1　我想到了自卫队总监部办公室里恐怖主义类型的事件。

句话就具有了某种意义。一个几乎完全以与感情有关的资料来阐释三岛的传记作家，强烈坚持这种依恋的肉欲因素，但这只是假设性的；我们可以利用这种说法把切腹理解为一种殉情（shinju），这种在歌舞伎剧作中经常出现的两人共同自杀的行为，通常来讲，是一个保守家庭的女孩和一个为了挽回或留住情人的非常贫穷的年轻男子所作出的行为，而最常见的形式则是溺亡。[1] 六年来致力于准备仪式性死亡的三岛，筹划了这场集合军队和发表死前公开抗议的复杂演出，如果唯一的意图就是为两个人的离去提供一种装饰，这是不可信的。更简单地说——并且，这一点可以在他与共产主义学生们进行的辩论中得到佐证——他最终认为，爱情本身在一个丧失了信义的世界中也变得不可能了，情人被比作三角形基底的两个角，而他们尊敬的天皇处于顶端。把“天皇”一词换成“事

---

1 十九世纪伟大的自由鼓动者西乡与他的朋友僧人月照尝试过的双人自杀，其目的很大程度来说是政治性的，他们也是采用了溺水的方式，但这一尝试失败了，因为西乡被救活了。这是我们知道的极少的由两个男人计划的殉情案例中的一个。

业”或“上帝”，就触及了对爱情来说必不可少的超验性本质这一概念，我以前在其他地方就曾经讨论过这一点。森田，由于他近乎天真的忠诚而符合了这一要求。这就是我们能说的所有了，除非，也许很简单，已经决定共同赴死的两个人，想要至少先在一张床上相会一次，而这正是古老的武士精神的确不会反对的一种观念。

终于一切都准备好了。切腹定于1970年11月25日，正是答应编辑交付四部曲最后一卷的日子。尽管在行动中那么干劲十足，三岛还是依循作家职责的要求规划着自己的生活：他自夸从未错过在规定好的日期交付手稿。一切都在预料之内，甚至是在垂死的痉挛中用于阻止脏腑流出的棉垫，这是出于对参与者们的极度谦恭，或直到最后都保持躯体的尊严的极度渴望。三岛在11月24日与四个盾会成员共进晚餐，像每天晚上一样回家工作，完成了手稿或对手稿进行了最后的润色，签上名字，把它塞进一个信封，一位编辑次日早上会来找这个信封的。天亮了，他冲了个澡，仔细地刮了胡子，在白色棉质内裤和裸露的肌肤上套上盾会制服。每日皆如此的动作，却饱含着我们对不会再次从事的事情的那般庄重。在离开书房前，他在桌子上留下一个纸条："人的生命是短暂的，但我还是想活着。"这句话带有所有那些非常热情以致不能满足的人的特点。仔细思考一下就会发觉，这些只言片语写于清晨，和写下这些只言片语的人即将在中午死去，这两桩事并不矛盾。

他把手稿放在门厅桌子上的显眼之处。四名盾会成员在森田新买的一辆小轿车里等着他；三岛拿着皮质公事包，里面装着一把十七世纪的珍贵军刀，这是他最值钱的财物之一；公事包里还有一把胁差。路上经过学校门前，此刻，作家两个孩子中的老大、十一岁的女孩纪子正在学校里："这是电影中我们会听到伤感音乐响起的一刻。"三岛开玩笑地说道。这是冷漠的证明吗？也许正相反。对挂在心上的人玩笑置之，有时要比根本不提及更容易一些。我们赋予他的这短促洪亮的笑声，也是那些不会大笑的人的标志性的笑声，他可能会对此一笑置之。然后，五个男人唱起歌来。

现在，他们到达了目的地，自卫队总监部的办公楼。这个男人两个小时后就会死去，而且，无论如何，他也打算这样做，但他还有最后的一个愿望：向军队发表演讲，在他们面前揭露他认为国家已深陷其中的险恶状况。这个确信字词已失去滋味的作家，难道认为话语会有更强大的力量？也许他想增加当众表达他的死亡动机的机会，只有这样，以后人们才不会尽力去隐瞒或否认这些动机。他给记者们写了两封信，恳请他们在那个时刻到场，却没有向他们表明原因为何。这两封信表明他害怕这种身后的粉饰，这也是有道理的。也许他认为，既然他能成功地把他的热情中的某种元素注入到盾会会员身上，那么也有可能对驻扎在那里的几百人如法炮制。但是，只有作为指挥官的将军可以赋予他必要的权限。他们约好了要见面，借口是让指挥官欣赏一下一位有名的刀剑铸造师署名的宝刀。三岛解释说，之所以有几名穿制服的年轻人在场，是因为他要去参加一个盾会的集会。当将军欣赏纵横在光滑的钢铁上几乎已经看不清的精巧标识时，两名盾会会员把他的胳膊和腿都捆在了扶手椅上。另外两个人和三岛自己赶紧锁上或堵住了门。谋反者们与外面的人进行了谈判。三岛要求召集军队，他将在阳台上向他们发表讲话。如果拒绝的话，将军将被处死。大家觉得答应这一要求是更谨慎的做法，但在军官们过晚进行的抵抗尝试中，守卫在仍旧半开的门边的三岛和森田打伤了七个下级军官。这些恐怖的手段对于我们来说更加可憎，因为在我们与这个事件相隔的十年间，我们几乎在世界各地看到了太多使用这些手段的事例。但是，三岛坚持到底，要赌一赌他的最后一次机会。

军队在楼下聚集起来，大概有八百人，他们因为被从日常工作或娱乐中抽调出来参加这项毫无预料的杂务而非常不满。将军耐心地等待着。三岛打开了落地窗，走出来到了阳台上，以卓越的运动员的动作，一跃而起站到了扶栏上："我们看到日本因繁荣而骄傲，陷入了灵魂的空虚……让我们重振真实的日本，让我们牺牲。你们会仅仅重视生命，却眼看着灵魂死亡吗？……自卫队所保护的条约，恰恰是否认其存在的章程……1969 年 10 月 21 日，自卫队理应夺回权力，要求修订宪法……作为日本人，我们的根本价值正受到威胁。天皇在日本的位置也得不到扶正……”

侮辱、粗俗的词语冲向他。最后的几张照片显示，他紧握着拳头，张着嘴，带着这种正在叫喊或嘶吼的人所特有的丑陋，这是一种面部的表情游戏，它尤其表明了让别人听到自己的声音的一种绝望的努力，但它也让人痛苦地回想起那些毒害我们的生活长达半个世纪之久的独裁者或煽动家的形象，不管他们来自哪一岸。现代世界的一种噪音很快加入到讥笑声中：有人叫来了一架直升机，它在庭院上方盘旋，用螺旋桨的嘈杂捣碎了一切。

又一个跳跃，三岛返回到阳台上；他再次打开落地窗，身后跟着举着一面展开的旗帜的森田，上面写着同样的抗议和要求。三岛坐在地上，与将军相隔一米远，他以完美的掌控力，分毫不差地完成了扮演武山中尉的角色时我们看到他曾经做过的动作。难以忍受的痛苦和他预想的感受，以及他模仿死亡时试图了解的感受一样吗？他请求过森田不要让他遭受太长时间的痛苦。年轻人挥下了刀，但泪水模糊了他的双眼，他的手颤抖了。他只是在这个垂死者的颈部和肩膀上砍出了两三个可怕的刀口。“给我！”古贺敏捷地拿起了刀，只消一下就完成了该做的事。其间，森田自己也坐在了地上，但他已无力再做什么，只是用人们从三岛手里拿下来的肋差在自己身上割了一个深深的口子。这种情况在武士的准则中有所规定：过于年轻或过于年老的人在自杀时，由于过于衰弱或过于失控而不能顺利进行切腹时，应该就地将其斩首。“下刀吧！”古贺照做了。

将军尽可能地在绳索允许的范围内弯下腰，低声为死者念着佛教的经文：“南无阿弥陀佛！”这位我们对其毫无期待的将军，面对着这出他亲自见证的残酷且意外的悲剧，表现得非常得体。“不要继续这场杀戮了；没用的。”三个年轻人异口同声地回答说，他们已经允诺不会自杀。“尽情地哭吧，但门再次打开时，请你们节制一点。”有些干涩的恳求，但面对着这些抽泣，这要比不许哭泣的粗鲁命令要奏效得多。“把尸体弄得体面些。”盾会成员们用制服上衣盖住了尸体的下半部，然后一边哭泣，一边摆正了两颗被砍下的头颅。最后，是从一个指挥官的角度容易理解的问题："你们就让我的下属看见我这样被绑着吗？"有人给他解开了绳索；有人开了门锁，或移开了堵着门的东西；三个男孩向警察们准备好的手铐伸出了手；记者们拥入飘浮着屠宰场气味的房间。让他们各司其职吧。

让我们转向听众这边。"他疯了"，接受现场采访的首相说道。父亲在收听午间广播时，听到了三岛向军队发表演说的最初的消息；他的反应是家属们的典型行为："他会给我带来多少麻烦啊！应该向当局道歉……"妻子瑶子十二点二十分在赶赴午宴的出租车上听到了三岛死亡的消息。之后被问起时，她回答，她早料到了三岛的自杀，但以为会是在一或两年后。（"瑶子没有想象力"，有一天三岛曾说道[1]。）唯一一句让人感动的话，是母亲在接待来致敬的访客

---

1 日本人的想象力通常不会转向外界或他人，这确实有可能。但三岛似乎误解了充满活力的年轻妻子的某些品质。不止一次，尤其是关系到保护丈夫自杀事件的年轻同谋者们，以及缩短他们的服刑年限时，三岛瑶子展现出了勇气，以及这种她似乎从未失去的现实感。

时说的。“不要为他惋惜。平生第一次，他做了一直想做的事。”她或许夸张了点，但三岛自己也曾在 1969 年 7 月写道：“当我回想过去的二十五年时，其空虚让我满怀震惊。我几乎不能说我活过。”即使在生命最耀眼、最充实的时刻，我们也极少能完成真正想做的事，并且，从空的深度或高度来看，过去存在的事物，以及不存在的事物，似乎同样是蜃景或梦幻。

我们有一张全家人在葬礼追思仪式中坐在一排椅子上的照片，尽管大家几乎普遍不认同切腹这种方式，追思会还是吸引了几千人。（这种粗暴的行为似乎深深地困扰着人们，他们认为自己处在一个看起来毫无问题的世界中。严肃地对待这一事件，就是否认他们适应了战败和现代化的进步，以及紧随现代化而到来的繁荣。最好在这一行为中，只看到一种文学、戏剧，与让人们谈论自己的这种需要的英雄式的荒谬混合。）父亲平冈梓，母亲倭文重，妻子瑶子，每个人也许都有他们自己的判断或解释。我们只是看到了他们的轮廓，母亲微微低着头，双手合在一起，痛苦给她染上了一丝阴郁；父亲直立着，仪态端正，很有可能是意识到有人在给他拍照；瑶子保持着一贯的美丽和不可捉摸；离我们更近的地方，在同一排，坐着川端康成，前一年获得了诺贝尔文学奖的年老小说家，他是死者的老师和朋友。这张老人的消瘦面庞极度细腻，脸上的悲哀就像在透明纸下一样清晰可见。一年之后，川端康成自杀了，但没有英雄主义的仪式（他只是拧开煤气阀），在他接受三岛拜访的那一年，有人曾经听川端提起过自杀的事。

现在，让我们来看一看为了结尾预留下来的最后的也是最让人心灵受创的照片；它是如此让人震惊，以至于很少被翻印。将军办公室里大概是聚丙烯腈纤维材质的地毯上，两颗头颅像木桩一样并排摆放着，几乎快挨上了。两颗头，无生气的球，两个血液不再灌溉的大脑，两台在工作中停止运行的计算机，不再拣选和解码连续不断的图像、感受、刺激和反应之流；它们每天以百万计的数量穿过一个人，共同形成了我们所谓的精神生活甚至是感觉生活，解释和指挥着身体其他部分的运动。两颗被砍下的、“去了另一种法则统治的其他世界”的头颅，在我们注视它们的时候，引起的更多是惊讶而非恐惧。不管是道德的、政治的，抑或美学的价值判断，在它们面前，至少暂时地归于了沉寂。摆在眼前的观念更加让人窘迫，也更单纯：在存在和存在过的不可胜数的事物中，这两颗头存在过；它们存在。充满这些失去目光的眼睛的，不再是写着政治抗议的舒展的旗帜，也不是其他任何一幅精神或肉体的图像，甚至也不是本多曾经冥想的“空”，这“空”似乎突然变成了一个概念，或一个总体而言过于人性化的象征，除此之外，别无他物。这是两个物体，被毁坏的组织的几乎已经无机的碎片，它们一旦被火掠过，也一样只会剩下些矿物残渣和灰尘；它们甚至不受思考的约束，因为我们缺乏对它们进行思考的数据。这是两艘沉船，卷裹在行动之河中，巨浪暂时把它们留在了沙滩上渐渐风干，然后便会再次挟它们而去。

再版后记

现代性与空性：尤瑟纳尔读三岛由纪夫

玛格丽特·尤瑟纳尔在1980年当选为法兰西学院历史上第一位女院士，次年，她在法国著名的伽利玛出版社推出《三岛由纪夫，或空的幻景》一书。而早先，在1974年左右，她就开始阅读三岛生前最后的四部曲《丰饶之海》，并为其法文版作序（于1988年在伽利玛出版社出版）。尤瑟纳尔写给日本作家三岛由纪夫的这部书，其中探讨的问题不限于文学的范畴，这本书远不只是延续了她在《东方故事集》中对于东方文化、美学的神往与重写，而且，在多元文化、跨文化的镜像中，尤其透射出她对于生命、死亡如同创作的理解的观念，而这与她对于三岛由纪夫不同阶段的写作的研读、体会紧密地联系在一起。

尤瑟纳尔特指出，像巴尔扎克、狄更斯一样，三岛由纪夫也不得不为了谋生有时候为迎合大众而写作，也要面对在做专栏连载时，会被编辑“按照公众的口味修改某些作品”。尽管如此，三岛由纪夫却以其严格的训练与韧性，写出了像《丰饶之海》这样的“真正的作品”。也就是说，尽管这位日本现代作家有时候也要适应现实生活的需求，与其所处时代的大众口味实现某种同谋，他却以如苦行一般的坚持练习的态度，去积累如尤瑟纳尔指出的“为了在‘真正的作品’中存在”的“炽热的真实片段”，而保证不时常为“平庸、虚假、造作”所侵袭。那么，笔者认为，“真正的作品”这个表述，如同隐藏在尤瑟纳尔献给三岛由纪夫的这本书中的一把钥匙，实际上，纵观全书，尤瑟纳尔正是在整体上关照三岛的人与作品，可谓将其人生与创作的轨迹，看作雕刻、创造一部“真正的作品”的过程。

这种整体性的解读，也多少对应于尤瑟纳尔对于“炼金术”代表的不同境界的理解。她指出，三岛的早期作品《假面的告白》，是一部“黑色的作品”，这个说法不由让人想到她的一部著作《苦炼》的书名。在原文中：“L'Œuvre au Noir”，直译为“黑色的作品”（也译作“黑功”）。这指的是在炼金术的决定性的开启阶段，将原材料放在锅中熔化、分离、锻造，即把杂质分离出来从而提取精粹的第一个阶段，却也是最艰苦、最困难的必经阶段。尤瑟纳尔在《苦炼》的开头，引用了一段拉丁文，出自意大利文艺复兴时期的哲学家皮科·德拉·米兰多拉《论人的尊严》（1486年）[1]。在这篇被称作“人文主义宣言”

---

1 “哦，亚当，我没有赋予你属于你自己的面孔和位置，也没有赋予你任何特别的天赋，以便由你自己去期望、获取和拥有你的面孔、你的位置和你的天赋。自然将另一些类别禁闭在由我订立的法令之内。然而，你不受任何界线的限制，我将你置于你自己的意志之手，你用它来确定自己。我将你置于世界的中央，以便让你更好地静观世间万物。我塑造的你既不属于天界，也不属于凡间，既非必死，也非永生，以便让你自己像一个好画家或者灵巧的雕塑家那样，自由地完成自己的形体。”参见［法］玛格丽特·尤瑟纳尔著，段映虹译：《苦炼》，上海三联书店，2021年。

的文本中，米兰多拉借《圣经》塑造亚当的典故，指出人在“存在之链”中的位置的不确定所喻示的某种开放性，而这意味着，要调动人的意志力及认知、判断和选择的能力，去创造自己的生命方向与生命形式，因而有可能会“沦落”为无理性的兽性，也有可能经过“沦落”之后重新上升，而抵达“更高的层次”即神圣的生命。而在《苦炼》中，尤瑟纳尔透过在从中世纪进入文艺复兴的转折时期的炼金术士泽农的人生叙事，揭示出“黑色的作品”所具有的某种生命寓意，即将人生的熔炼与炼金术中的这个阶段建立起关联：一个人从诸种约定俗成、固定成形的观点、观念、成见之中走出，用属于自己的探索过程，不畏艰苦，去形成独特的真知之道，亦是要经过这样一番熔炼、提取最初的精华的过程。少年泽农踏上求索的征程前，正是下决心要成为自己，体会到“要紧的不仅仅是要成为一个人”，不仅仅是获得俗世的成功、成就一个人的声誉，也要觉悟到如何去发现、揭示真我，这正是走向雕刻自身、开显自我的真知之道。而“白色的作品”则代表了下一个阶段的继续提纯，即更加纯净化的过程，如同《庄子·达生》中所讨论的“精而又精，反以相天”的境界。“红色的作品”则更进一步，作为接近“大功”（“伟大的作品”）的完善阶段即将完成的最后一个阶段，在点金术成真之前的阶段，也是让炼金士进入心醉神迷的巅峰阶段。在对三岛由纪夫的解读中，尤瑟纳尔也调用了类似的比喻，她将《金阁寺》比作红色的作品，而《潮骚》是白色的、透明的作品。尽管在此更多是对于作品的色调、氛围的一种感应，但可以说，也与她所着迷的“炼金术”的不同阶段的寓意不无关联。这正反映出，尤瑟纳尔认为，人生如同金属需要经过锻造、熔炼，实现炼金术一般的人生，作为“真正的作品”的铸造的过程，而甚或，我们也可以说，在她的视野里，写作的创造行为，如同具有点石成金的超凡能力。尤瑟纳尔正是在这部书中写出了三岛由纪夫如何透过黑色的作品《假面的告白》，成为日本现代作家三岛由纪夫，由其坚持的苦炼创作出了《金阁寺》这样的“红色的作品”，那么，在三岛走向自杀的选择前方才谱完最后一部（《天人五衰》）的《丰饶之海》，这四部曲历经四代，时间跨度从 1912 年到 1970 年，可谓构成“大功”告成的作品。

尤瑟纳尔从形而上学的独特角度，捕捉到《金阁寺》中的一些关键性的元素。三岛由纪夫在重写这个真实的事件时，注意突出了小人物见习僧沟口的病态心理中的创伤，比如由于与生俱来的口吃所造成的自闭和与社会沟通中的阻碍，但三岛没有停留在这个创伤性报复的层面，而写出了在“恶”之因的生发中所包含的复杂性，即见习僧与美的复杂的、双重的情感关系，他既恨金阁寺所代表的一成不变的完美，也与这种美感相认同，既同构又敌对的情感分裂，那种合体的欲望，也是将他推向纵火毁灭这美感的一种动因。在探析这种向恶的欲望的膨胀时，尤瑟纳尔也联想到在西方浪漫主义中的一种“意欲穷尽自己的人的欲望”，而她又指出，见习僧从少年时就在自身之中纳入了对于金阁的想象，“它像一粒种子一样，是自身也在其中孕育着的闭合的微粒”。尤瑟纳尔引用了三岛虚构出的见习僧对于金阁寺的同构情感的极端化的构想：“我孤身独影，金阁的绝对包围着我。是我拥有金阁，还是我被金阁所拥有？抑或是产生了一刻罕见的均衡，此刻我是金阁，而金阁也是我？”如果说这可让我们联想到《庄子·齐物论》中庄周梦蝶的打通边界的“物化”的梦的经验，那么，在此，自身与他者的绝对的同一，却展示出不能返归到“必有分”的本真状态的危险。在成长中与金阁寺形成的同构式的关系过程中，沟口的情感几乎完全封闭其间，无法实现任何与外界的他者的“相遇”。在《苦炼》中，尤瑟纳尔也反思了世人为自己设定、制造牢狱一般的封闭的围墙的人生模式，而旅行、阅读、写作，可以说是走出围墙或者绕着围墙行旅的方式。但是，三岛在《金阁寺》的末尾，给了这个犯罪的小人物一个“反英雄”式的结局，恰恰是嘲弄他意图自杀却最终未济，而是在熊熊大火的浓烟前退却，在被捕前用“廉价的点心”满足腹饥，尤瑟纳尔强调了这一点，即“他因战后食品短缺而营养不良的饥饿的胃”。尤瑟纳尔也点出，三岛也在他处嘲讽了自杀未遂的人物的不够勇敢，或者选择自杀的未完成（比如在《丰饶之海》中的饭沼与阿透）。这些“微粒”，不断地暗示着三岛本人将最终决意作出的选择，或者说，在尤瑟纳尔看来，是他的终极选择证实了他形成的理念在一部部作品中留下的“微粒”，即在三岛的内心深处认同切腹行为代表的一种英雄式的勇气，他选择用这样残暴的方式迈入与空性的合体。

尤瑟纳尔以研究者的冷静观察到，在三岛身上所承载的“传统的日本的微粒”，或者不如说，一些属于日本文化的特殊性的微粒，如隐形的颗粒，隐藏在三岛形成的作为战后日本的“混杂的现代性”的表征的跨文化的微粒之中。这些微粒逐渐“浮上表面”，浮上他承载的混杂的现代性的复杂、杂糅、多样化的水面，而最终爆发为与所身处的时代、与他所处的某种创作的顶峰逆流而行的自杀选择。当然，尤瑟纳尔也留意到在 1959 年他曾有作品《镜子之家》在评论界的反响方面遭遇的受挫、失败。谈到日本文化的微粒，比如，在《丰饶之海》中写出一个“西方化”的时代环境，身边的建筑、时尚、饮食，一切的社会风尚，都是杂糅而呈现出明显的西方化的特征。但是，尤瑟纳尔留意到，男生是从衣领后裸露的一截玉颈中，感受到最初的情意悸动（“从和服新月形的领口瞥见的女性的颈背，在日本是如此地令人激动，就像乳房的诞生之于欧洲画家一样”），而浮世绘绘画（如喜多川歌麿和溪斋英泉）中的一些女性形象的再现，显然在文化与审美、情感的潜意识形成的活动机制中，留下了影响的余音。因而，她指出，“环绕着聪子这个渐渐从游戏和学习伙伴转变为情人的角色，却漂浮着一种古代日本的气氛”。而在三岛 1966 年自编自演的电影《忧国》（由 1964 年的同名小说改编）中，在起义失败之后，选择切腹自杀的中尉和妻子面对面坐着，空荡荡的墙壁上仅挂着“至诚”二字的书法作品，而这让人联想到，三岛所赞赏的阳明学派吉田松阴入狱后在狱中举办孟子讲读会，在他留下的书法手迹中有援引孟子的名句，“至诚而不动者，未之有也”，随后书写感慨如下，“吾学问二十年亦而立然未解析一语/今闻左之行愿以身验之若乃死生大事姑置焉”，还留下一首向死的汉诗，“吾今为国死/死不负君亲/悠悠天地事/观照在明神”，终在 1859 年被幕府处死[1]。在《忧国》的剧终，在仪式化的自杀的惨烈场景再现中，叙述的视角时而聚焦到小花园中的松树，“一棵被雪覆盖的小松”，这让尤瑟纳尔觉察到“过去的能剧中传统摆置方式的映射”。在一篇写给作为日本研究专家的英国作家伊万·莫里斯（Ivan Morris，1925—1976）的评论性随笔[2]中，尤瑟纳尔也提到，莫里斯的《失败的高贵》一书，正是题献给作者的朋友三岛由纪夫，尤其见证了二人对于日本古代历史上的最后一个朝代平安时代的古典宫廷生活以及后来的武士道精神的共同爱好。而在莫里斯的叙事中，让尤瑟纳尔产生深刻印象的，或许是她所感知到的日本文化中的一种特殊性，即那些武士作出切腹自杀的决绝的选择时，却同时体现出一种自然的情怀，去咏颂自然的景物例如松树，体现出“诗人般的细腻”。

---

1 陆一：《教养与文明：日本通识教育小史（增补版）》，生活·读书·新知三联书店，2017 年。

2 载于尤瑟纳尔《随笔集与回忆录》（*Essais et mémoires*），法国伽利玛出版社，1991 年，第 321—330 页。

对于尤瑟纳尔而言，这或许接近于在她所喜爱的古希腊古罗马的斯多葛派哲学家处所领会到的，向死的平和，对于宇宙的意识，与宇宙理性的汇合。

在评述三岛的生死观时，尤瑟纳尔讨论了“如何熟悉死亡或死得其所的方法”，关于死亡的态度，她这样写道：“人分为两种：为了更好、更自由地活着而把死亡排除在思想之外的人，和那些正与之相反的人，他们在死亡利用他们身体感觉或外部世界的偶然事件发出的每个信号中窥视着死亡，因此才能更冷静、更强烈地感到自己活着。”用理性排除死亡的再现，时刻保持对于面死的意识，从而更关注生命，应该说，这两种态度都是为了面向本真的生命本身，更专注地去活。

这让人联想到她所写的古罗马皇帝哈德良面对死亡时经历过的考验与转化。他由于病痛曾经想过自杀，问医生要毒药，然而，后者却选择了服毒自杀来提示他作为皇帝的责任感，在这种情况下，死亡“不只是一个与个人有关的决定”，因而，哈德良将“忍耐”作为座右铭刻在钱币上，并决意，“努力睁开双眼，走向死亡”[1]。1970年，尤瑟纳尔在给比较研究专家艾田伯（René Etiemble）的一封信里写道："我想，我理解庄子为什么会欢乐地庆祝妻子的去世，鼓盆而歌……他想向我们证实，死亡和生命以及一切好的东西一样是自然的……如蒙田所说，'幸好如此，因为这是自然的'。"[2] 而在访谈录中，尤瑟纳尔指出，"要接纳他者和自己的死亡……作为生命的自然的一部分，正如我们的蒙田所说的，在西方，他是最可以与一个道家哲学家相近似的一个人"[3]。而同样，在这本书里，尤瑟纳尔也将三岛由纪夫对待死亡的态度与蒙田相关联，但不能忽略的是，即使在面对死亡的态度方面有跨文化的切近性，三岛由纪夫

1　参见［法］尤瑟纳尔著，陈筱卿译：《哈德良回忆录》，上海三联书店，2011年；罗芃译：《哈德良回忆录》第五、第六章及"《哈德良回忆录》创作笔记"，载于《尤瑟纳尔研究》，漓江出版社，1987年。

2　参见［法］尤瑟纳尔：《给朋友们的信函及其他信函》（*Lettres à ses amis et quelques autres*），法国伽利玛出版社，1995年。

3　参见［法］马蒂厄·加莱：《尤瑟纳尔访谈录：睁开双眼》（*Marguerite Yourcenar : Les yeux ouverts*），法国袖珍书出版社，1981年。

并不是安然地“等待死亡”，而是在45岁时选择了推向极端的一种自杀方式。三岛由纪夫式的选择，是将死亡本身作为终极的作品，为死亡赋予了一种极致的事件性。尤瑟纳尔这样归结三岛，“然而，此处所讨论的并不是坚定地等待死亡，而是把死亡想象成永恒运动的世界中形态无法预料的事件之一，而我们也是这个世界的一部分”，我们的肉身是在不断经历有形无形的力量的消磨消损的世界中的一部分。而在经历混杂的、快速的国际化现代性时，三岛由纪夫尤其体会到这种现代性带来的各种杂糅的并存之间的间距、裂缝、荒诞的冲击，最终为自己保留了日本武士般的所谓古典式的结局，选择以切腹自杀的方式通向后世的荣光，乃是一种属于日本式的吊诡性的精神指向。

三岛的老师川端康成这样评论《丰饶之海》的第一卷《春雪》与第二卷《奔马》：“我被奇迹冲击似地感动和惊喜。这是融贯古今的名作，无与伦比的杰作。这作品与西方古典的血脉相通，但它是日本过去没有的，然而是切实的日本作品，日本语文的美丽多彩也是极致的，在这作品中，三岛君的绚丽的才华，纯粹升华为危险的激情。”三岛由纪夫所创造的美学风格，是日本此前没有的，体现出“与西方古典的血脉相通”的跨文化特征，正充分代表了他所身处的时代的混杂的现代性倾向，然而，又是“切实的日本作品”，只是，川端康成所代表的日本古典中的清雅细腻、含蓄婉约的一面，在三岛由纪夫体现出杂糅的、跨文化的美学气质中，“纯粹升华为危险的激情”，在其中朝向扭曲而在毁灭中达到极致的“危险的美”，也是在日本的传统中可以找到的另一面的维度。然而，获得诺贝尔文学奖的川端康成也在三岛由纪夫切腹离世一年多之后，选择用含煤气管的方式自尽。

尤瑟纳尔特别关注三岛之死，甚至认为，这个自杀事件，是三岛由纪夫一生最精心策划、日渐准备的一个结局，如同是体现和凝结这种“危险的激情”的一件作品。而在他最终如“遗嘱“一般的四部曲著作《丰饶之海》中，可以看到这种残暴的选择的投影，正如在他的第一部剧作《忧国》中，男主人公同样作了切腹自杀的终结性选择。一首一尾的回应，显然不是纯粹的偶然。尤瑟纳尔体会到，在三岛由纪夫的文化潜意识中，始终情系武士道精神，例如三岛所推崇的十八世纪的日本名著《叶隐》一书所呈现的。三岛不断地重读《叶隐》中代表武士态度的训示："每朝每夕都决意待死，以便当死期将至，便可欣然赴死。不幸到来时，并没有那么可怕，我们不必畏惧。"尤瑟纳尔赞赏的正是这种不畏死、甚至"欣然赴死"的生死观。尽管尤瑟纳尔对于三岛离世前的组织民间团体"盾会"的一段经历不无反思，在她的评论的再现中，那其中的保皇情结，更像是朝向崇高化的文化审美想象的一种投射。三岛本人这样说："为了当前日益衰落的日本古老的美的传统，为了文武两道的固有道德，我决心自我牺牲，以唤起国民的觉醒。"[1] 而实际上，三岛选择的自杀结局，她所关注的，更多的是一种形而上学的意味，或者也可以说是在审美现代性意义上的意味。三岛将他从《叶隐》中吸收来的

---

1 唐月梅：《怪异鬼才三岛由纪夫传》，作家出版社，1994 年。

“每朝悟死，死亦无惧”的精神，转化为与他所处的时代的背道而驰的激烈反抗。在这一点上，在尤瑟纳尔的跨文化的视角中，三岛作出的结局的选择，多少也与她自己作品的人物的自杀选择相呼应，引起她深邃的关怀与同情，比如在《苦炼》中，泽农在无法选择顺应荒谬与教会强加给他（作为无神论者而判处火刑）的死亡律令之间，选择了由他自己来结束生命。在尤瑟纳尔看来，在这个意义上，如果是为了“不要堕落”而自杀，这种选择体现出一种“高贵的艺术”[1]。

在《三岛由纪夫，或空的幻景》中，尤瑟纳尔也不断地清点出了三岛由纪夫所身处的时代语境中的一种“绝对现代性”的特征，或者，我们可以称之为“混杂的现代性”。她用文学家的细致注意到，其虚构作品中的人物在这种不同文化属性混杂交织的现代性的某种不适。经历美国占领时期的日本，呈现出在

1 《玛格丽特·尤瑟纳尔：声音的肖像，二十三篇访谈录 1952—1987》（Marguerite Yourcenar，*Portrait d'une voix*，*Vingt-trois entretiens* 1952－1987），法国伽利玛出版社，2002 年。

所谓传统的日本与国际性风格之间的混血特征。而且，她也用思想家的敏锐不断指明了，三岛所面对的、所再现的战后日本所经历的一种扭曲性的发展阶段，即不计任何代价（包含对于环境造成的损害），一味重视在物质层面的经济发展。这也正是三岛的同时代人、实验书法艺术家井上有一（Inoue Yūichi，1916—1985）所反思的“拜金主义至上”的战后日本的氛围。尤瑟纳尔将三岛由纪夫透过文学虚构来思考的方式，与法国存在主义作家加缪来加以对比，即具有如同后者在孤独、隔膜的处境的荒诞面前的一种如同“局外人”的漠然，三岛并不是用加缪式的无动于衷，但是，也调动了一种属于他独有的冷漠、甚至是冷酷的方式来写故事，或者说，冷静地几乎不加情感地写出了一个历史时刻的沧桑变化，传达出了在混杂现代性的文化处境中难以承受的扭曲与变形、差错与间距。尤瑟纳尔却非常明白，其笔调越是冷酷，越揭示出他内心的一种从童年即表现出的特殊的敏感，也是他始终有的、终将引他向死的敏感。因而，经过尤瑟纳尔诠释的三岛的自杀，更像是一起美学的事件，可谓属于审美的现代性的范畴，作为对于他身处的混杂的现代性的一种彻底的反抗。

尤瑟纳尔透过对三岛的例子的解读与剖析，或许也写出了作为同时代人对于一个时代的一些共通性的感触。在这本书中，有文学家尤瑟纳尔对于文化他者——遥远国度日本的文学家三岛由纪夫的观察、回应，她多处提到了欧洲文学、古希腊神话在三岛作品中的影响或者投影，比如她多少在“归化”的视角里将三岛《潮骚》里一对年轻人的情感叙事看作《达芙妮与克罗伊》的“旧题新作”。或者，她也时而将三岛与欧洲的一些现代作家比如巴尔扎克、狄更斯、普鲁斯特、司汤达、科克多、邓南遮、加缪、于斯芒斯等相比较，在跨文化的切近性之镜像中从多个方面去理解三岛的作品体现出的现代性，并认为三岛运用的表达手法中欧洲化的成分多于“其中的日本元素”。其中，也有作为思想家的尤瑟纳尔对于代表一个时代的现代化综合病症的日本作家的研究与反思，探测出属于混杂的现代性中的复杂性交织：矛盾与危机、病态与变态。而在呈现承载着这样的现代性的三岛由纪夫如何走向切腹自杀的抉择时，她也关注到《假面的告白》里所提到的三岛在少年时对于意大利画家雷尼所画的《圣塞巴斯蒂安殉教图》的作品的痴迷，以及成年后运用身体摄影对于画作里的殉难美学的某种模仿与回应，但是，她又注意到在三岛身上传递的日本武士道文化的特殊性特征。总而言之，经她诠释的三岛之死，明确地如同精心准备、不断生成的一个最终的作品。

尤瑟纳尔也揭示出，在对于日本的现代性的反抗的姿态之中，交织着三岛由纪夫所体会到的空性，甚至认为他选择的自杀也是为了揭示空性，“身体，这副不停颤抖移动的‘肉体屏障’，最终将会被撕裂为两半或被磨蚀得丝缕毕现，也许这是为了揭示本多在死前才太晚感受到的那种空”。空性不仅仅是在存在的底色中所内蕴的空虚、空寂，也是与存在共在，交织在存在的每一寸的织物、颜色之中。《心经》曰：“色即是空，空即是色”，写出了在色相与空性之间的相互依存、相互转化。在剖析三岛的小说世界中的“转世”的现象时，即在不同时代的人物之间忽然顿悟到似曾相识的、穿越时间的类似隔世缘的“轮回”经验时，尤瑟纳尔推论道，生命是一种能量的磁场，而“一切只是经过”，只是过渡性的经过过程，事实是“体验过的感觉的容器”，但空性并不意味着在这生命的磁场中发生的一切颤动都会消失，而只是返归到“世界的阿赖耶识”中。而在《春雪》中，借因陀罗网的故事，三岛也提到了因缘果的法则：在缘起形成的过程中，“永恒如激流转换”，寂灭而汇入“阿赖耶识”，“阿赖耶”（alaya）本意也意味着“藏”，“收藏有一切活动结果的种子”。

尤瑟纳尔还特别指出，三岛由纪夫喜爱王阳明的哲学，熟诵王阳明的训示，“知而不行，只是未知”，她将这种信条也领会到三岛对于他喜爱的武士道精神的一种践行的决心之中。在这一点上，经过跨文化的双重镜像而折射出的误解、误读，实属难免。三岛由纪夫本人在自杀前不久在杂志《诸君!》（1970年9月号）上发表了一篇文章，题名《作为革命哲学的阳明学》，在其中，如下回应江户时代的阳明学派吉田松阴的观点：“对松阴来说，人生之短与天地之悠久之间没有任何差别。他摆脱了我们在生存中面临的种种困难，摆脱了我们日常营生所承受的各种条件，实现了直接从最小到最大、从最短到最长的跳跃，把握了一视同仁的观点……这样，阳明学中行动的一面，就是在通过太虚从认识跳跃到行动的阶段中显现出来的”。透过这段评述，三岛由纪夫强调了吉田松阴所领会和发展的阳明学中比如“天地万物一体同仁”的观点的转化，尤其强化了“通过太虚”的认识到进入行动发生的质的跳跃。日本当代汉学研究专家沟口雄三在评述三岛由纪夫与阳明学的关系时，这样指出：“也许三岛就是选择了通过断绝自己有限的生命来获得永生的。对他来说，这条道路是作为行动家哲学的阳明学的道路。然而，实际上这条道路与发祥于中国的阳明学相比，是过于日本化了的”[1]。沟口雄三也据此推断，三岛由纪夫并没有阅读王阳明的《传习录》，而只是研读了明治时期井上哲次郎的《日本阳明学派之哲学》，而其中尤其突出了大盐平

---

1 ［日］沟口雄三著，孙军悦、李晓东译：《李卓吾·两种阳明学》，读书·生活·新知三联书店，2013 年。

八郎（大盐中斋，1793—1837）的“归太虚”说与吉田松阴的生死观。三岛由纪夫受到日本阳明学中的这一脉络的影响，或者也对应于冈田武彦所称作的“现成派”（“存在主义式”）的阳明学左派在日本的影响[1]，这一脉络尤其强调“炼心”的实践，而沟口雄三认为，尤其构成问题的是在其中呈现出的“心的无限活用”的倾向。吉田松阴在 1845 年由于参与反对幕府的腐朽统治的运动而入狱，在狱中阅读了王阳明的《传习录》、大盐平八郎的心学笔记，也读了明代李贽的《焚书》，他吸收了阳明学的“知行合一”而提出“立志”的决心：“必须要立大志向，一旦立下大志向，就要知行合一”，发展出由“立志”“而不惜献身、无惧死亡”的理念，“生死离合，人世倏忽，但不可夺者志，不灭者业，天地之间，可恃者独此而已”[2]。丸山真男指出：“在吉田松阴那种典型

1　日本学者冈田武彦将阳明学派分为现成派（Existentialist School）、归寂派（Quietist School）、修证派（Cultivation School）三种类型。

2　鹤阑珊：《心学的力量：我们为什么要读王阳明》，新华出版社，2014。

的‘忘我’忠诚和主体性中，在他那绝对的皈依感情和强烈的实践性的对立统一中，明显地贯穿了《叶隐》里的传统意识。”[1] 但是，关于生死观，吉田松阴主张：“私欲私心全无者，偷生不妨。有死而不朽之预见，可死；有生成大业之预见，可生”[2]，其实与《叶隐》中向死的精神有所区别，他区分出不同程度的多元路线，其实也与主体的意识状态有关，在例外的情境里，他指出，可以对“死而不朽”的意识追求，选择壮烈地去献身，但是，也认为，在抛除了“私欲私心”的情况下，在怀有“生成大业”之愿景的情况下，依然可以继续活下去的生路。

在三岛由纪夫对阳明学的领会中，显然，吉田松阴式的实践性的维度占了首要的地位，而他对于空性的理解中，即尤瑟纳尔不确定是否充分把握的三岛对

---

1 ［日］丸山真男：《日本政治思想史》，东京大学出版会，1975年。参见唐利国，“近世兵学与日本的近代化转型——从山鹿素行到吉田松阴”，载于《世界历史》，2020年第4期。

2 ［日］山口县教育会编：《吉田松阴全集（第六卷）》（定本版），岩波书店，1935年。参见唐利国，“近世兵学与日本的近代化转型——从山鹿素行到吉田松阴”，出处同上。

于“空”的观念的东方特性之中，也多少掺杂了“太虚”的成份。江户时代的武士、阳明学者大盐平八郎基于对王阳明《传习录》和张载《正蒙》的阅读，认为“太虚无形”是遍布在“天地万物”之间的灵明，而人的身心“宜变化气质，以复太虚之体也”（见《洗心洞劄记》），将致良知构想为“归太虚”，“夫良知只是太虚灵明而已矣”，作为“抵达太虚之路”。心若在太虚无形中“顺其良知之发用”，则无碍。大盐平八郎运用“唾壶之虚”的譬喻，谈由有限到无限的过渡，将有形的生命的毁灭，看作归于太虚之无限的超越：“有形质者，虽大有限，而必灭矣，无形质者，虽微无涯，而亦传矣。高岳桑田，或崩，或为海，而唾壶之虚，即太虚之虚，而唾壶虽毁，其壶乃归乎太虚，而万古不灭”。而他在由“良知”——“太虚”的诠释出发转化为“空虚之实学”时，延承了中江藤树的阳明学中的一个吊诡性的特征，即把“太虚”“设定为“人类生活的具体而现实的场所”，而由儒学意义上的“天”——“上帝”所主宰，构成一个神圣的“特定场所[1]”。因而，在日本阳明学的这一条脉络中，关于“太虚”的理解，又尤其与儒家式“上帝”的信仰维度、实际的维度联系在一起，可以说是实中纳虚，虚而化实，由太虚而走向切实性。不能忽略，对于“太虚”的概念的重视，也使得阳明学在日本发生的这种跨文化的嫁接，加入了与佛教文化、神道文化的某些混血成分。

日本化阳明学的“空虚之实学”的吊诡倾向，交融在三岛由纪夫这样一个奇异的人物身上，在特定的历史语境中，促生出跨文化的“怪胎”。三岛见证、体会到混杂现代性的种种之恶，深入吸收现代文学之恶，也最终切入了恶的象征。王阳明 46 岁率军平定动乱后，讲到“破山中之贼易，破心中之贼难”，三岛由纪夫则理解为“必须认识到真性”“去除真性上的污与锈”。三岛在生前这样对《芝加哥论坛报》采访他的记者山姆·詹姆斯讲解作为日本一种传统仪式的切腹自杀：“我们相信罪恶潜驻于我们身体的内

---

1 ［韩］崔在穆：《东亚阳明学》，中国人民大学出版社，2009 年。

部，因此，如有必要揭示自身的恶，我们必须剖开肚腹，将可见的罪恶掏出来。这也是武士意志的象征所在。众所周知，切腹自杀是最为痛苦的死法。他们愿以如此悲壮残忍的方式赴死，正是武士勇气之最好证明。这种自杀方式是日本独创的，任何外国人都无法模仿炮制。”[1] 以激进的方式抵抗时代之恶，用代表武士精神的切腹的勇气去“揭示自身的恶”，这也是尤瑟纳尔在三岛的案例中所展现出的传统性与现代性相交汇的杂糅特征吧。

在“空虚之实学”的吊诡性的视野中，笔者也留意到，在三岛由纪夫的《丰饶之海》中，主要人物本多明显承载某种儒家式的存在模式，他不断地经营人生，克制情感的投入，“一心一意在维护内外世界的秩序”，最终成为一个入世的、职业与生活皆成功的法官，尤瑟纳尔却揭示出在三岛笔下再现的这种模式中的最终的虚妄，出自他不断向上“攀登”的价值追求中缺乏实际的内心信念。本多与年少时的好友清显

---

1 参见［美］亨利·斯各特·斯托克斯著，于是译：《美与暴烈：三岛由纪夫的生与死》，上海书店出版社，2007年。

认同的模式完全不同，后者由虚荣上进的父亲松枝侯爵从小送到擅长和歌、懂得风雅的绫仓伯爵家接受所谓贵族式的教育，实际上却接纳了“无为”“无用”的（道家式）某种价值观，并尤其加入了为情感而存在的唯情论的成分。清显的父亲为伯爵家女儿聪子安排了与皇族的联姻，清显却与聪子幽会而致使聪子怀孕、堕胎，在不可能的爱终结之后，清显陷入了“混沌盲目”的情的海洋，最终在二十岁由于激情的毁灭而早亡。三岛由纪夫文学馆馆长佐藤秀明教授在访谈中指出：“三岛由纪夫是站在一个超脱于社会和常人的立场，以一个旁观和抽离的态度来评价社会的。可是另一方面，他又非常重视社会的习俗、礼仪以及人际关系。三岛由纪夫身上同时具备重视现实和脱离现实的特质，并且两者之间存在很大的差异性，这也是他不同凡响的地方。”“重视现实”和“脱离现实”的相互矛盾的特质，在《春雪》中充分体现为本多和清显所代表的人生选择的模式之中，而在清显所接受教育的伯爵家则显得由于价值的并存而暧昧不清，包含伯爵与社会文化规范的关系也是同样充满了矛盾。

而清显与聪子的恋情，在这矛盾的张力空间中发展，以情感的自然性沦为社会政治性价值的牺牲品，同时隐现了伯爵用矛盾并存的价值观念与现实入世的侯爵进行暗自的心理较量，经过老女仆的协助，挑战侯爵从纯粹现实利益的角度经营婚姻模式的理念，促使女儿聪子在媒妁之约前先失身于所爱的男子，最终浇铸了难以挽回的苦果。在聪子选择了剃度之后，在侯爵看来势必要挽回的“灾难”面前，伯爵前去寺庙小住，却没有规劝女儿回到东京嫁给皇族，而是在“无为”的态度之中静观自然。松枝侯爵最后以务实的态度，开出聪子有“严重的神经衰弱”的证明，来说明她入佛门的选择，从而与皇族平和解除婚姻，才使得两家避免了危机的处境。

在《苦炼》中，可以说，“重视现实”与“脱离现实”的矛盾两面的维度也并存，泽农所体现出的探索真知、真我的路径，多少有“脱离现实”的一面。尤瑟纳尔也写到了与炼金术士泽农选择的存在模式相反的那些比利时地方贵族比如他的舅父的务实生活态度，在肯定其态度值得尊敬的同时，她也道出了在这种存在模式中也难以回避的空性。尤瑟纳尔也将泽农与他的表弟亨利-马克西米利安的人生态度加以平行的比较，两人同样离开了富裕的家族环境，亨利-马克西米利安选择入世而成为中尉，追求在俗世中的荣耀的虚荣的生活态度，与泽农甘于简朴、醉心于用怀疑固有的认知的方式来探索真知的态度，形成鲜明的对照。正如在二人的对话中，泽农这样揭示他所探求的炼金术之真理："你们的怀疑和信仰是浮在表面的气泡，但是在我们内心沉淀下来的真理，就像一次危险的蒸馏过程中留在曲颈甑里的盐，它存在于解释和形式的内部"。泽农也揭示出在俗世的繁华之中无可回避的、处处皆在的空，他在对于市景的观察中这样感知："刚才在路上碰见的那些人，瞥过一眼之后，随即就被抛进了一团无形的过去之中，加入不断壮大的亡灵的队伍。时间、地点、本质失去了在我们看来是它们之间界限的特性；外形不过是本质被撕碎了的表皮；本质在并非其反面的空无中沥干；时间与永恒不过是同一样东西，就像一股黑色的水在一片恒定不变的黑色水面上流淌。"尤瑟纳尔在此写出了在泽农开悟之后所领会到的存在的过渡性、流动性、不坚固性，以及生灵的转瞬即逝，由此他从“黑色的作品”阶段过渡到了“白色的作品”的阶段，官能知觉也变得日益灵敏而精锐。

透过对《丰饶之海》的解读，尤瑟纳尔也提到在最后一部中本多对于空性的太晚的体会。年迈的本多在得知罹患癌症之后，前去拜访奈良近郊的月修寺的住持，即他年少时好友清显的旧日情人聪子，由于家族对他们的恋情的阻扰，聪子选择遁入空门，清显则由于悲伤过早离世。实际上在小说的开头，聪子的大伯母、月修寺的住持尼就给本多、清显等讲了一个参透佛法的故事[1]，故事中的“唐代的元晓”，实际上是朝鲜历史上三国末年的元晓大师（617—686），他曾前往唐朝学习佛法，在远征的路途中的一个夜半，他与旅伴口渴难耐，从洞穴中取水喝，感到从未喝过如此甘甜的水，次日醒来，却发现是“积存在骷髅里的水”，因感到恶心而吐光，由此，他领悟到：“心生

1　参见［日］三岛由纪夫著，唐月梅译：《春雪》，中国文联出版社，1986 年。

则种种法生，心灭则骷髅无异（种种法灭）”。聪子体验到了境由心造的情爱的乐趣，在面向不可能的前景时，她在那过程中体会每一个时刻的乐趣，生活在当下，视每一个瞬间为永恒，可是，她又认为自己不完全是一个现代新女性，所以，在听从家族的安排、摆布的过程中，她历经了痛苦的煎熬。当她在堕胎之后选择剃度时，终于放下了“肉体之船”负载的包袱（“船底货物”），获得了“般若识”的智慧，开始了修行的生活。晚年的她已经不记得或者否认了年轻时的经历，而她长年的隐修生活，就是在走过寺庙的“明暗交替的”庭院的片刻，她引本多去看寺庙内庭的墙壁圈住的“一方绝妙的青空”。而尤瑟纳尔也提到，“丰饶之海”是月球上的一片空寂的平原的意象（“它是一片没有生命，没有水，也没有空气的荒芜之地”）。这个意象也为这四部曲笼罩了难言的吊诡的氛围。住持说“也许这个我没有存在过”“也是因心而异罢了”，在长年修行的时间流转中，她的心中已无过去，过去的回忆由于被修行的心放下而洗净，心境的造象不再记取，只余下了空性的启示。尤瑟纳尔笔下的人物泽农在炼金术精进而选择成为医生后，也曾否认他是（一个教士的私生子）泽农。某种生命的形式是否存在过的疑问，在尤瑟纳尔与三岛由纪夫的作品中，都可以找到，代表了某种生命形式是与一段时间、一些生命体验联系在一起的，成为过去式的存在，未经相遇的他者的存在，仿佛不存在。

“在如此多的作为和反作为中，在虚假的成功和真正的灾难中，最终脱颖而出的是空无，虚无”，那么，这种空性，“也许接近于西班牙神秘主义者的‘乌有’，究竟它是否完全与法语中我们称之为‘无’的东西一致，这一点还不清楚”。尤瑟纳尔在这样提问三岛由纪夫笔下的空性时，透露出一些解读的不确定性、敞开性，她也指出，在三岛成为一个成功的作家的同时，体会到的“厌恶和空虚的程度却在上升”，而“这是一种还未到达住持的花园中完美的空的空虚，是所有生命的空虚，无论这生命是失败或是成功过，或者两者皆有”，即她认为，这是在达到般若智慧中的空性之前的任何生命的实在中都包含的空虚的共性。而她所解读的三岛由纪夫，必然在跨文化的多重镜像之中，折射出她本人对于存在与空性、生命与死亡的体会与理解。

＊＊＊

在中学时代，在父亲的书橱收藏的中外经典中，除了欧美的著作以外，也有日本文学，在其中，包括现代大家川端康成、三岛由纪夫，因而，也构成笔者在最初接受的跨文化的源泉中难以忘怀的一部分。记得在本科时曾有机缘拜会同乡作家张炜，他特别推崇用法语写作的女作家尤瑟纳尔，关于尤瑟纳尔的叙事作品，他这样写出了他的“理解”：“她的作品不像一个女性写出来的，而显现着男性的热烈刚毅和确凿无疑的口气。她曾经长时间与女友生活在一起，在海岛，在远方。她很少在自己的故国生活。她习惯于从远处回视这片热土，孕育自己的激情，从古老的传说之中，从东方，获取她艺术和思想的养料。……她对东方有说不尽的好奇和特异神秘的想象。她的想象是有根据的，东方神秘主义强烈地感染了她。她以一个西方人的目光遥视着东方的尘埃。”由此，他也指出，“叙事的栅栏只能管束住一些弱小的生命，而真正强悍的生命只会踏破这些栅栏，他们是奔腾不息的骏马，可以驰上无边的原野，甚至登上山巅。他们不会以平庸的评论者所固守的尺度和范围去开展自己生命的舞蹈”[1]。尤瑟纳尔就是具有跃出叙事的栅栏的能力的“奔腾不息的骏马”，在东西方的滋养之间，“开展自己生命的舞蹈”，以博学而有灵性的方式构造叙事的作品，其思考的力量远远超出了叙事的范围。在后来用法语阅读、研究文艺理论与哲学的漫长过程中，尤瑟纳尔与同样精通于古希腊古罗马研究的哲学家皮埃尔·阿多（Pierre Hadot，1922—2010）一样，始终在笔者个人的治学习练的修养书单中占有一席之位，他们所演绎的古代智者面对生活本身不断进行习练，由规限真我而走向自身的转化、雕塑的真知之道，在不乏艰苦的漫漫求学、治学的生涯中，对笔者而言，是具有勉励性的丰盈的思想源泉。在读博士期间，在法文论文中讨论道家思想在法国的接受以及影响时，笔者也曾用一节专门讨论尤瑟纳尔《东方故

1　张炜：《理解》，载于《冬天的阅读》，东方出版中心，1997年。

事集》里的“王浮得救记”。

在尤瑟纳尔的“王浮得救记”的小说的最后，画家王浮在死亡的威胁面前沉醉于艺术的创作，最终用消失在画卷空间里的方式得到拯救，全书笼罩着艺术的一种绝对的价值影响的唯美氛围，与其中的主宰性的人物汉皇对于他父亲所钟情的这种唯美的影响的抗拒杂糅在一起。而三岛由纪夫在《丰饶之海》中，也一边呈现了从祖母那里接受的贵族式教育中的所谓“高雅”的成分，既如在《春雪》中将即将没落的贵族生活的古典日本的美感的氛围渲染得淋漓尽致，但另一方面，也提问和反思了其中所隐藏的残酷的、扭曲的、甚至是血腥的成分。三岛由纪夫也反思了清显的孤绝的个性中的封闭，纯粹无为中的盲目，相比之下，本多则代表了理性、意志、行动的选择。三岛由纪夫在面对古典的美、高贵的艺术时，持有矛盾的态度——既是心头喜好的古典情结，又会用现代的目光去质疑其中的封闭性、反自然性，乃至于危险性，在他所面对的时代的混杂现代性的镜像之中，古典与现代形成了对撞，而最终，他还是在绝对现代化、国际化的趋势里，朝向了真正的古典精神的返归，不是复古，不是怀旧，而是用重新激活的方式提问。在《丰饶之海》中，三岛由纪夫实际上也把儒—道—释三种模式在日本的演化凝结再现，提问了这些不同的生活模式、态度，而最终转向了对于空性的揭示。尤瑟纳尔在本书中，多少延续了二十世纪上半叶如克罗岱尔等法国作家营造的中日美学的某种合金式的认识，而尤其从她更熟悉的欧洲文学的视角多少展现出三岛由纪夫的欧洲化的特征，由此出发，她也试图探问其中的日本文化的特殊性的微粒。在她透过三岛由纪夫的作品的研究生发的思考中，也呈现出她的著作中散发的共通的一种人文关怀：对于本真的生命的揭示与体认，将生命本身作为“真正的作品”去创造的需求。

尤瑟纳尔与三岛由纪夫的跨文化对话、交汇，尤其体现出他们的书写中共有的双重的出色能力：在文学家式的细致入微的观察中，糅入对于生命与死亡、人性与存在、过程与空性的深邃的思考片断，这种双重的维度，一直有着特别引人着迷的理由，引人继续与之一起透过生活世界的繁杂的现象，朝向对真性、真知的探求，进行切入本质的深思。

在 2013—2014 年间，笔者曾有机缘与索丛鑫女士一起合作，联合翻译了尤瑟纳尔的《三岛由纪夫，或空的幻景》一书（2014 年冬在上海三联书店首次出版）。其中，由她撰写了序言的草稿，随后经笔者补充、修订成文。此间，也曾与上海三联书店黄韬总编切磋细节的问题。2021 年夏秋之际，应上海三联书店之邀，笔者负责再次对全书进行了修订，并专门为第二版撰写一篇新的文字，此文着重回应尤瑟纳尔探讨的三岛由纪夫作品中涉及的混杂现代性与空性的问题。由衷感谢上海三联书店黄韬总编、李巧媚编辑支持并促成这个译本的修订、再版。

值此之际，回顾与尤瑟纳尔、三岛由纪夫的作品相遇的历程中的一些点滴，并在八年之后，尤其在历经疫情的冲击之后，再度细读尤瑟纳尔所讨论的三岛由纪夫以及思考其中相关的问题，谨将一些新的研究发现与阅读的体会，记录在此。这个中译文经过多次的修订，凝结了译者们对于尤瑟纳尔、三岛由纪夫这两位作者在多年里倾注的关注和心血，由阅读、翻译到研究，透过不同语言的文学呈现的跨文化的镜像进行思考，亦是在这个历程中诚愿与读者们分享的诸种心得。

姜丹丹

2021年秋

于静笃斋

Marguerite Yourcenar

［法］**玛格丽特·尤瑟纳尔**（1903—1987）

出生于比利时布鲁塞尔，1987 年在美国缅因州荒山岛辞世。1980 年入选法兰西学院，成为该机构 350 年历史上第一位女性“不朽者”。

尤瑟纳尔深受自古希腊罗马以来的欧洲人文主义传统浸润，同时从早年起即对东方哲学和文学怀有浓厚兴趣。她的作品以渊博的学识、广阔的视野和深邃的哲思见长，包括诗歌、戏剧、随笔等，尤以小说著称。主要作品有小说《哈德良回忆录》《苦炼》《默默无闻的人》等，回忆录《世界迷宫》三部曲也享有盛誉。

尤瑟纳尔的语言优美洗练，深具古典韵味。

姜丹丹

任教于上海交通大学人文学院哲学系、中文系，博士生导师，欧洲文化高等研究院研究员；法国索邦大学哲学系兼任教授，鲁迅美术学院特聘教授，国际哲学学院通信院士（Correspondent）。获法兰西学院—路易·德·波利涅克王子基金会行政委员会科研奖（2020）、法国教育部学术棕榈骑士勋章（2015）、上海浦江人才（2011）等荣誉。《轻与重》

文丛主编。翻译出版学术著作十余种。近年来专攻哲学与艺术理论的跨文化对话与比较研究。

索丛鑫

独立译者、书评人，文学硕士。曾于北京第二外国语学院、北京大学法语系就读深造。研究领域为法国思想文化，专门进行尤瑟纳尔作品研究。曾发表文学研究论文与翻译文章若干篇，在《文化与诗学》杂志发表关于尤瑟纳尔的研究论文“《被斩首的迦梨》中的回归主题”等。

图书在版编目（CIP）数据

三岛由纪夫，或空的幻景/（法）玛格丽特·尤瑟纳尔著；姜丹丹，索丛鑫译. --2版. —上海：上海三联书店，2022.2
ISBN 978-7-5426-7418-0

Ⅰ.①三… Ⅱ.①玛…②姜…③索… Ⅲ.①三岛由纪夫（1925～1970）—人物研究 Ⅳ.①K833.135.6

中国版本图书馆CIP数据核字（2021）第081781号

上海市版权登记　图字：09-2021-0323

三岛由纪夫，或空的幻景

著　　者／［法］玛格丽特·尤瑟纳尔
译　　者／姜丹丹　索丛鑫

责任编辑／黄　韬　李巧媚
装帧设计／ONE→ONE
监　　制／姚　军
责任校对／王凌霄

出版发行／上海三联书店
　　　　　（200030）中国上海市漕溪北路331号A座6楼
邮购电话／021-22895540
印　　刷／上海颛辉印刷厂有限公司

版　　次／2022年2月第2版
印　　次／2022年2月第1次印刷
开　　本／787mm×1092mm　1/32
字　　数／80千字
印　　张／7.125
书　　号／ISBN 978-7-5426-7418-0/K·640
定　　价／42.00元

敬启读者，如发现本书有印装质量问题，请与印刷厂联系 021-56152633